Lucien Liroy

MAÎTRISER ET DÉVELOPPER SON KARMA

ÉDITIONS DE VECCHI S.A.
20, rue de la Trémoille
75008 PARIS

Malgré l'attention portée à la rédaction de cet ouvrage, l'auteur ou son éditeur ne peuvent assumer une quelconque responsabilité du fait des informations proposées (formules, recettes, techniques, etc.) dans le texte.

Il est conseillé, selon les problèmes spécifiques – et souvent uniques – de chaque lecteur, de prendre l'avis de personnes qualifiées pour obtenir les renseignements les plus complets, les plus précis et les plus actuels possible.

Imprimé en Espagne

Introduction

L'ouvrage que vous avez entre les mains aborde des questions spirituelles, métaphysiques, énergétiques… Il est composé de 15 chapitres qui, de la « Constitution cosmique de l'homme » jusqu'à la « Conduite de la vie », offrent un espace de réflexion sur les grandes questions de notre temps.

Afin d'aider le lecteur dans sa réflexion personnelle et d'ouvrir un nouveau champ prospectif, chaque paragraphe est illustré d'une citation à mettre en regard de ses propres questionnements.

De l'angoisse…

> La peur abat les gens plus que
> n'importe quel fléau au monde.
>
> R. W. EMERSON.

Il n'y a que quelques décennies que nous sommes entrés dans l'ère industrielle, pourtant les réalisations de cette dernière période dépassent, et de très loin, celles des millénaires qui ont précédé.

À tel point que naguère encore les futurologues n'hésitaient pas à prédire pour l'humanité un avenir paradisiaque : travail minimum, santé parfaite, jeunesse éternelle, loisirs et biens en abondance. Mais la plus grande partie de l'humanité reste dans l'attente de ces bienfaits promis par la science et la technique. Nous sommes bel et bien dans cette ère fabuleuse que l'on nous promettait. Pourtant, les nouvelles qui nous viennent de tous les points du globe sont des plus alarmantes ; le vice, le crime, la guerre, la misère, la famine, les catastrophes de tous genres alimentent les actualités.

Les gouvernements multiplient les déclarations de paix, mais la guerre fait des ravages. Les charrues ont été reléguées au musée, pourtant la majorité des hommes sont astreints à des tâches ennuyeuses, pénibles, voire débilitantes. La médecine dispose d'un arsenal prodigieux, néanmoins d'innombrables maladies, auxquelles s'ajoutent sans cesse de nouvelles, font leur moisson quotidienne. L'humanité s'agite dans une incohérence indigne de l'intelligence dont elle se vante.

Outre nos congénères, c'est l'Univers tout entier qui semble se liguer contre nous. La sécheresse, les inondations, la chaleur, le froid, les tremblements de terre, les raz de marée... Et comme si cela ne suffisait pas, on nous annonce que le soleil est en train de s'éteindre, que la terre se réchauffe, que la lune va nous tomber sur la tête... À moins que les humains, devenus trop nombreux, ne s'entre-dévorent.

Quoi d'étonnant que l'inquiétude nous gagne ?

Nous parlons, nous rions, nous jouons, nous fumons, nous dansons, nous travaillons, bref, nous vivons notre vie d'humain. Nous nous affublons de masques pour jouer notre rôle dans la grande tragi-comédie humaine.

Celui de l'« homme érudit », celui de l'« homme heureux », de l'« homme satisfait », du « général d'armée », de l'« employé de bureau », du « directeur », etc.

Mais l'angoisse est notre partenaire.

Un partenaire dont le jeu implacable nous fait perdre le sens et la signification des choses de la vie. Alors, nous préférons confier notre destin à toutes sortes de guides et de protecteurs qui promettent le salut... dans un au-delà, contre l'obole, et l'obéissance... ici-bas.

Dès lors, il n'y a plus qu'à se conformer à la règle ou aux décisions de l'assemblée, ou aux sentences du maître.

Cependant, l'angoisse continue de croître.

La peur est le principal danger qui menace l'homme, car elle conduit à la confusion et à la panique, avec, comme seul échappatoire, la démission ou la violence.

À la Paix de l'esprit

> Cherchons la vie où on peut la trouver.
> Quand nous l'aurons trouvée,
> la vie résoudra tous les problèmes.
>
> D. H. LAWRENCE.

Fort heureusement, le moyen de conjurer la peur existe. Il consiste à vivre conformément aux lois de la vie. À condition toutefois de savoir ce qu'est la vie, et quelle est notre vraie nature.

Les thèses concernant la vie en général et l'homme en particulier sont aussi nombreuses que variées. La gamme va des plus élaborées aux plus simplistes, des plus rationnelles aux plus farfelues. Archaïques, scientifiques, religieuses, politiques, métaphysiques ou combinaisons de deux ou plusieurs d'entre elles, toutes trouvent preneurs, et ce, dans tous les milieux, sous toutes les latitudes. Certaines personnes s'accommodant de dogmes absolument antinomiques.

Ce qui est certain, c'est que l'Univers tout entier s'évertue selon des lois dont les effets provoquent, à leur tour, d'autres conséquences.

En ce qui concerne l'homme, cette loi de cause à effet s'appelle « karma ».

Chacune de nos pensées, chacune de nos paroles, chacun de nos actes, ont des conséquences sur notre avenir.

Cela ne signifie pas, toutefois, que nous sommes prisonnier d'un karma aveugle, qui nous réserve, sans que nous soyons en mesure de l'éviter, quelques meurtrissures dans notre corps ou dans notre psychisme.

Non seulement, nous pouvons maîtriser notre karma, mais nous devons obligatoirement le faire. Personne ne le peut à notre place.

La maîtrise de notre karma exige la connaissance de l'être dans sa totalité – et pas du seul aspect de la personnalité extérieure –, ainsi que des lois fondamentales de vie, et le rétablissement d'une relation salutaire avec le cosmos.

L'observance de ces lois est à même de nous libérer des suites funestes de nos actes passés, et de nous conduire à la plénitude.

Il suffit de le vouloir, mais la volonté dont il est question ici n'est que la simple bonne volonté, persévérante, paisible. Cela nous est accordé par avance.

Constitution cosmique de l'homme

Conséquences de nos croyances

> Nous sommes incroyablement légers dans la formation
> de nos convictions,
> mais il suffit qu'on veuille nous persuader qu'elles sont fausses,
> pour que nous devenions ardents à les défendre.
> Ce ne sont évidemment pas les idées elles-mêmes que nous chérissons,
> mais notre propre estime qui est menacée.
>
> J. H. ROBINSON.

Nos croyances, la conception que nous avons de nous-même, des autres et des choses, déterminent notre état d'esprit, nos actions et, par suite, toute notre existence. Pour cette raison, nous pouvons déjà dire que nous vivons dans un monde de croyances.

Par contre, elles n'ont aucune influence directe sur un autre individu, à moins que ce dernier ne le croit, consciemment ou non.

Il est donc important que nos croyances soient fondées sur des vérités constructives, positives, créatives, si nous voulons vivre bien.

Pour savoir si nos croyances actuelles – conscientes ou inconscientes – sont bonnes pour nous, il suffit de considérer notre existence. Personne ne peut en juger à notre place.

Si nous n'en sommes pas satisfaits, c'est qu'elles ne correspondent pas exactement à notre bien. Il vaut mieux alors en changer.

Le monde est plein de fausses croyances, et ce, d'autant plus que des informations erronées, inexactes ou tronquées, sont volontairement répandues, soit pour tromper, soit pour protéger les personnes non préparées.

Il ne suffit pas d'être intelligent, instruit ou cultivé pour savoir si une hypothèse est fausse. Il n'y a que la pratique qui peut en prouver le bien-fondé.

La connaissance de soi

> On ne saurait imaginer combien l'étude de nous-même,
> si rare, si peu connue, nous serait utile,
> de combien d'illusions elle servirait à nous guérir,
> combien elle nous mettrait sur la voie du bonheur.
>
> MAINE DE BIRAN.

Il existe deux façons d'étudier la vie. La première consiste à partir de la nature pour parvenir à l'être humain, la seconde de commencer par l'homme. La méconnaissance de soi conduit à l'illusion, à la confusion, à la paresse, à l'usage de dérivatifs – alcool, drogues, médicaments… – dangereux pour la vie.

« Connais-toi toi-même ! » Ce n'est pas par hasard que des hommes éminents ont fait de cet apophtegme la clé de leur doctrine. C'est, à la vérité, un des conseils les plus suivis. Les innombrables ouvrages de sciences humaines qui garnissent les rayons des bibliothèques l'attestent. À la biologie, la physiologie, l'anatomie, la psychologie, il faut ajouter les sciences conjoncturelles, projectives, les arts divinatoires…

La plupart des lecteurs de cet opuscule ont ouvert au moins un de ces fascinants volumes avec le secret espoir d'y découvrir le « truc » providentiel. Notre désir de nous connaître ne s'arrête pas là. Nous faisons établir notre thème astral, notre profil caractérologique, biorythmique, graphologique... Nous nous situons parfaitement dans la typologie de Corman, de Le Senne ou d'Hippocrate. Nous nous autoanalysons selon la méthode de Le Cron. Nous entreprenons de surmonter nos complexes grâce à Adler, et d'épuiser notre œdipe avec l'aide de Freud... De plus, nous suivons l'enseignement de guides de diverses obédiences, et nous avons dans la poche une ou plusieurs cartes de membres de sociétés initiatiques. Nous participons à des symposiums, à des congrès...

Autant dire que nous avons de nous-même et du monde une connaissance des plus étendues. Paradoxalement, cette somme astronomique d'informations ne fait que brouiller la conception que nous avons de nous, de l'humanité et de la vie. Avec, pour conséquences, des erreurs de jugement et une action inadaptée.

Malgré cette constatation, la plupart d'entre nous continuent de croire qu'en connaissant la cause ponctuelle des troubles, des difficultés, des problèmes qui les affligent, il leur suffit d'opérer un simple réajustement, comme ils le feraient en mécanique, pour que tout rentre dans l'ordre.

La vie montre que les choses ne sont pas aussi simples. Bien qu'il existe des techniques, des institutions et des gens pour aider les hommes, des milliards de personnes se débattent en permanence dans des problèmes dont certains finissent par les abattre.

Qu'est-ce que l'homme ?

> L'homme n'est qu'un jouet inventé par Dieu.
>
> PLATON.

Lorsque nous considérons l'homme avec nos sens physiques et que nous l'analysons avec notre mental, il nous apparaît comme un agrégat de matériaux organisés au point de former une entité autonome, mue par une énergie physique et dirigée par son cerveau.

Contrairement aux apparences, l'homme est un être composé d'éléments divers unis durant l'existence physique. Il ne s'agit pas seulement d'une hypothèse gratuite, dans la vie courante : des expériences spontanées montrent que la conscience n'est pas totalement liée au corps physique.

Bien entendu, on peut toujours dire que ce ne sont que des impressions, des états de conscience, voire des hallucinations. Cependant l'expérimentation confirme qu'il y a dans le corps matériel de l'homme un élément immatériel, qu'on appelle indifféremment *âme* ou *esprit*. Nous verrons qu'il ne s'agit pas tout à fait de la même chose.

L'expérimentation, par des spécialistes tout à fait sérieux, des états modifiés de la conscience – notamment par la relaxation, la méditation, l'hypnose et le magnétisme – démontre que le principe pensant, la conscience d'être, est indépendant du corps physique.

Les résultats de ces recherches modernes, avec des moyens scientifiques, confortent des enseignements immémoriaux tels que la théosophie, les Veda, le Popol Vuh, le Tao-tö-king, la Bible… Tous s'accordent sur la dualité de l'homme.

Cependant, en approfondissant les recherches, il se révèle que le corps physique et l'âme sont composés eux-mêmes de plusieurs sous-éléments complémentaires étroitement liés qui peuvent être considérés comme autant de corps de plus en plus subtils et dont le principe originel, et ultime, est pur esprit.

À chacun de ces corps correspond une sphère, à un niveau d'existence où il trouve sa raison d'être et sa fonction.

Dans le cadre de cette étude, qui a pour but d'apprendre à alléger le karma et donc à diriger notre destin, nous allons nous arrêter aux sept éléments essentiels qui forment l'homme total. À savoir : le *corps physique*, le *corps astral*, le *corps énergétique*, le *corps émotionnel*, le *corps mental*, le *corps spirituel* et le *corps cosmique*.

Les corps de l'homme

> Ce qui est né de la chair est chair,
> et ce qui est né de l'Esprit est esprit.
>
> Évangile selon Jean, III, 6.

Aussi étrange que cela puisse paraître, chaque élément de l'être peut être considéré comme un corps à part entière, car, sur le plan d'existence auquel il appartient, il apparaît aussi réel, aussi « matériel », que le corps physique l'est sur son plan.

En réalité, durant la vie, l'individu s'identifie au corps auquel s'attache sa conscience. Le tempérament de chacun, et par suite son comportement, correspond au corps prédominant.

1. Le *corps physique* est le vêtement qu'emprunte l'entité individuelle durant son existence terrestre. Il est choisi, conditionné et contrôlé par l'âme en fonction des nécessités karmiques. La morphologie humaine, telle que nous la connaissons, n'est pas le résultat d'un hasard. Elle résulte d'une décision collective prise en des temps reculés.

2. Le *corps astral* est le double du corps physique.

3. Le *corps énergétique* s'étend au-delà des limites du corps physiques.

4. Le *corps émotionnel* est dénué d'intelligence. Il est lié au système nerveux sympathique.

5. Le *corps mental* est l'élément matériel subtil qui analyse, accepte ou rejette les informations et les impulsions des cinq sens. C'est dans le mental que réside l'intelligence ordinaire. Le mental est centré sur le système cérébro-spinal et le cerveau. C'est le mental qui interprète les impressions

sensorielles. C'est à lui (en tant qu'âme) qu'est dévolue la tâche d'accomplir le karma.

6. Le *corps spirituel* est une parcelle du Principe Primordial, Éternel, l'énergie humaine. On l'appelle encore « corps causal », car il est à l'origine de l'individualité. C'est en lui que réside l'intelligence. Le corps spirituel est éternité, connaissance et félicité absolues.

7. Le *corps cosmique*, encore appelé « Supraconscience » ou « Conscience cosmique », est une partie infime, une individualisation de l'Être Primordial, Absolu et Éternel, que les hommes appellent Dieu, dont il demeure en permanence partie intégrante. Le corps cosmique est l'être en soi, distinct du corps physique. Il est l'origine de la conscience individuelle.

<table>
<tr><th colspan="9">CORRESPONDANCES DES DÉNOMINATIONS</th></tr>
<tr><td>1</td><td>corps cosmique</td><td>esprit cosmique (le Cosmique)</td><td rowspan="2">Esprit</td><td rowspan="6">âme</td><td rowspan="2">Super-Ego</td><td>supraconscient</td><td>Saint-Esprit</td><td rowspan="2">corps causal</td></tr>
<tr><td>2</td><td>corps spirituel</td><td>esprit humain (Psyché)</td><td>subconscient</td><td>Père</td></tr>
<tr><td>3</td><td>corps mental</td><td>mental supérieur</td><td rowspan="4">âme</td><td rowspan="4">Ego</td><td rowspan="4">conscient</td><td rowspan="5">Fils</td><td rowspan="4">corps astral</td></tr>
<tr><td>4</td><td>corps émotionnel</td><td>mental inférieur</td></tr>
<tr><td>5</td><td>corps énergétique</td><td>astral supérieur</td></tr>
<tr><td>6</td><td>corps astral</td><td>astral inférieur</td></tr>
<tr><td>7</td><td>corps physique</td><td>corps physique</td><td>corps physique</td><td>corps</td><td>corps physique</td><td>soma</td><td>corps physique</td></tr>
</table>

La Supraconscience est intelligence infinie, énergie inépuisable, pouvoir sans bornes. La meilleure façon d'exprimer cette filiation consiste à dire qu'il est le « fils de Dieu ». Cela signifie qu'il dispose des facultés transcendantes de l'Esprit Universel.

Autrement dit, chacun de nous a en lui des pouvoirs qui transcendent nos facultés ordinaires, et est un canal par lequel ce pouvoir peut s'exprimer... Cependant, pour en profiter, nous devons, soit lui demander son aide, soit nous élever à son niveau par l'ascèse, et surtout si nous le laissons agir à notre place.

C'est simple à comprendre, mais extrêmement difficile à réaliser, car l'homme a tendance à se fier d'abord à son intelligence et à ses facultés ordinaires. C'est dans sa nature.

Chaque corps a sa propre fonction et sa propre conscience.

Les centres de conscience

La conscience existe à tous les points de la création. En ce qui concerne l'être humain, chaque particule, chaque organe, chaque corps – physique ou subtil – possède sa propre conscience.

Tous ces centres de consciences, ou chakras, sont reliés entre eux par un réseau de canaux subtils (nâdhî) estimés habituellement à 72 000 – certains vont jusqu'à plus de cent mille.

Il existe une infinité de centres de conscience, répartis dans tous les corps, dont neuf majeurs. Cependant, nous ne parlerons que des sept qui sont localisés dans le corps physique.

La connaissance des deux autres centres majeurs ne peut être utile qu'à ceux qui ont atteint un haut niveau d'avancement spirituel. L'un est situé sous les pieds et l'autre au-dessus de la tête.

Les centres de conscience des sept corps sont dits majeurs. Chaque chakra majeur correspond à un niveau de l'être et à une sphère de vie. Ils correspondent aux organes – glandes et cen-

LES CENTRES DE CONSCIENCE

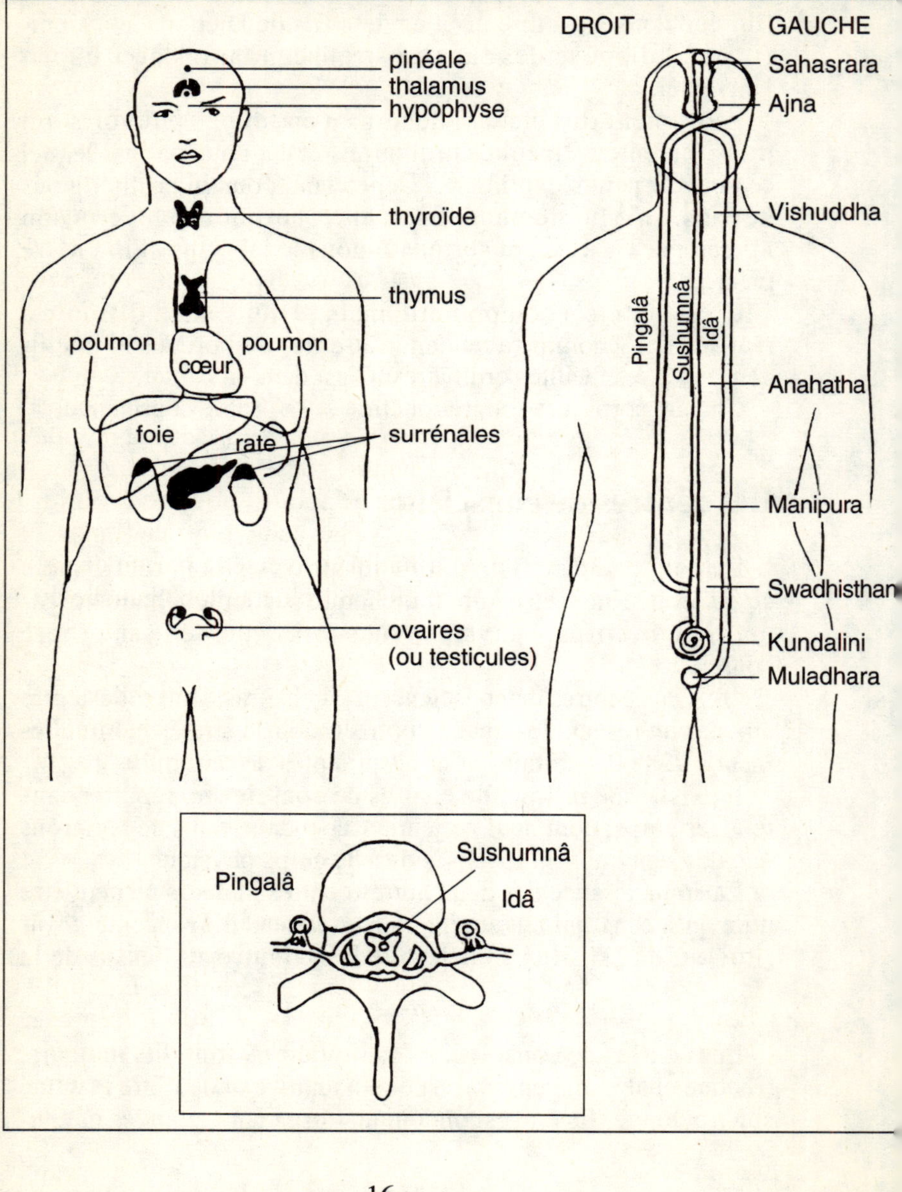

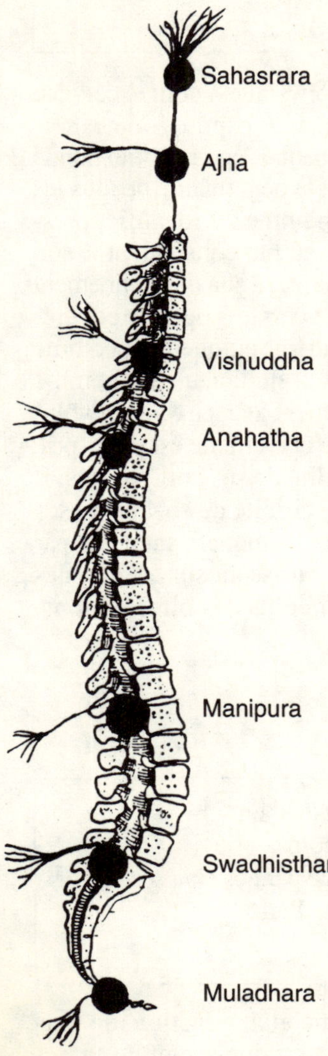

tres nerveux (plexus) – qui contrôlent l'état et l'activité du corps physique.

Les sept chakras majeurs sont disposés le long de la colonne vertébrale, pour les cinq premiers, et dans le cerveau, pour les deux derniers. Ils appartiennent cependant au corps énergétique. Ils sont reliés entre eux par trois canaux subtils majeurs dont le principal (Sushumnâ nâdhî) traverse la moelle épinière en son centre. Les deux autres canaux longent la colonne vertébrale. Celui de gauche (Idâ nâdhî) passe par la narine gauche et aboutit au lobe droit du cerveau ; celui de droite (Pingalâ nâdhî) traverse la narine droite et se termine au lobe gauche du cerveau.

Idâ correspond à l'Ego, Pingalâ au Super-Ego, et Sushumnâ à la Supraconscience (conscience sans pensée ou conscience divine).

Ces précisions sont très importantes, car, selon nos préoccupations habituelles, nos croyances, nos buts, l'Ego ou le Super-Ego sont exagérément privilégiés et gonflés. L'équilibre doit être continuellement rétabli en faveur de Sushumnâ par la pensée positive, la prière, la méditation.

L’homme total

> Tu deviendras Un. La pluralité est inquiétude.
>
> PARACELSE.

L’usage exclusif des facultés du corps physique – dont le cerveau n’est qu’un organe, merveilleux sûrement, mais exposé à toutes sortes d’atteintes – nous limite considérablement. L’ego matériel donne l’illusion d’être maître de son existence et le bénéficiaire de tous les avantages de l’existence. Cela conduit l’homme à s’identifier presque exclusivement à son corps physique et, par conséquent, à son histoire génétique, à son ascendance physique, à son environnement familial, social et culturel. Même lorsque certains ou tous ces éléments sont négatifs. A contrario, se considérer uniquement comme un pur esprit durant l’incarnation est très préjudiciable à l’homme qui n’est pas parvenu à un stade suffisamment avancé de son évolution. Même si son entité originelle, ultime et éternelle est pur esprit, durant l’incarnation l’homme est la totalité de ses composants. Il doit tenir compte de la nature et de la spécificité de chacun de ses éléments. Tous sont interdépendants et communiquent entre eux par l’intermédiaire de canaux subtils qui aboutissent sur chacun des corps à des centres de conscience qui, en plus des informations, relaient l’énergie vitale.

La trinité de l’homme

> Le corps n’est pas distinct de l’âme.
> Ce que l’on nomme corps,
> c’est la partie de l’âme qui est perçue par nos cinq sens,
> lesquels sont les portes de l’âme.
>
> W. BLAKE.

Nous avons vu plus haut que l’homme était constitué de plusieurs enveloppes distinctes (ou corps), certaines étant de caractère spirituel et les autres, physique. On peut donc dire que l'homme est un être double : un corps et une âme.

Il en est de même pour tous les êtres vivants – les minéraux, les plantes comme les bêtes, à quelque niveau que ce soit.

Néanmoins l'être humain possède en plus un esprit.

Ce n'est pas de l'âme que vient l'humanité de l'individu, mais de l'esprit, l'esprit divin. À l'origine de chaque homme, c'est un esprit divin – une individualisation de la Conscience Universelle – qui pénètre une âme lorsque celle-ci est prête à le recevoir ; c'est de cette présence que lui vient la conscience de lui-même et le pouvoir d'être libre.

Comme nous le verrons plus loin, l'esprit individuel crée une nouvelle âme à chaque nouvelle incarnation. C'est cette âme qui va modeler l'embryon choisi en fonction du karma, et en quelque sorte créer le corps physique.

Dans tous les cas, il vaut mieux considérer l'âme – qui fait partie du plan physique – et le corps comme une unité. Ils sont étroitement unis, non seulement globalement mais encore organe par organe, cellule par cellule.

Au début du cycle d'incarnations, cet assemblage, cet égrégore, est rigoureux, mais il se relâche au fur et à mesure de l'avancement spirituel, jusqu'au point de pouvoir se dissocier, spontanément ou à volonté. L'homme qui est à ce niveau est dit « médium », il peut connaître sans le soutien de ses sens, agir à distance, etc.

L'homme réel

> La conscience est la présence de Dieu en l'homme.
>
> E. SWEDENBORG.

Dans la pratique, nous considérons l'homme comme un être double, un corps et une âme. Le corps appartenant au monde physique et l'âme comprenant tout le reste.

Cependant, l'homme réel, l'entité primordiale, n'est en fait ni le corps, ni l'âme, ni le corps physique, mais l'esprit individuel dont nous n'avons aucunement conscience.

Durant l'incarnation, l'esprit s'identifie naturellement au corps physique, à la personnalité, et tombe sous la dictature des lois de la nature.

Nous devenons alors ce que nous avons conscience d'être, ou, plus exactement ce que nous croyons être. Un être physique, limité, mortel ou un être spirituel, illimité, immortel.

Le but de la vie humaine est de parvenir à son identité réelle et spirituelle, de se développer, de croître en esprit.

La loi du développement humain

La Conscience Universelle

> L'idée d'un ego individuel, c'est comme si,
> après avoir mis de côté un peu d'eau du Gange,
> vous appeliez cette quantité séparée votre propre Gange.
>
> Shri RAMAKRISHNA.

L'Univers, manifesté ou non, est un tout indissociable, toutes les choses, tous les êtres vivants font partie de cette unique réalité et sont animés par la même Vie que les hommes appellent Dieu, l'Âme de l'Univers.

L'Âme Suprême vit au cœur de chaque atome de la matière, et entre les atomes. Elle y constitue l'aspect « localisé », omniprésent, de l'Être Primordial, Absolu et Éternel.

Ainsi, chaque être vivant est, dans son essence, une entité éternellement vivante, définitivement liée et absolument égale à toutes les autres. Elle est donc entièrement en chaque homme, même le plus modeste, même le plus perverti.

Quelles que soient les causes de divisions entre les hommes – famille, clan, nation, politique, religion, secte, caste, etc. –, toute l'humanité est bien plus qu'une simple fraternité : une seule et même réalité. L'action divine, comme l'activité créatrice de l'homme, individuelle et collective, est conduite et exécutée par des êtres spirituels, esprits naturels (élohims, devas, anges, hiérarchies, etc.).

Les règnes minéraux, végétaux et animaux croissent grâce à ces aides invisibles qui organisent les formes qu'utilise la Vie Unique, jusqu'à la forme la plus dense, la forme physique.

Nous pouvons communiquer – par la pensée et par l'amour – avec les esprits de la nature, et obtenir leur collaboration pour modifier une chose, une plante, un animal et même un homme, de l'intérieur.

Le monde physique

> Le monde qui naît plutôt que le monde qui est.
>
> P. Teilhard de Chardin.

L'Univers manifesté est composé de l'Énergie Cosmique condensée, mue par le Dynamisme Vital sous la direction de l'Intelligence Universelle. Il n'existe que pour l'expérience et l'accomplissement de l'être humain, et non le contraire.

Il est en perpétuel devenir. La création se poursuit en permanence ; celle du monde physique se réalise avec l'aide d'êtres invisibles, en particulier pour les formes primaires de la vie minérale, végétale et animale.

Bien que l'Univers existe pour les besoins des hommes, individuellement et collectivement, pour tous ceux qui partagent cette expérience particulière, il continue cependant d'exister même après qu'un individu a atteint la perfection, alors qu'il ne se réincarne plus, car il est commun à tous. Le monde semble avoir une existence réelle en dehors de nous, parce que toutes les individualités, toutes les choses qui la composent partagent le même fantasme que nous.

L'esprit individuel, humain, étant uni au corps physique

durant la vie terrestre, le monde dont l'homme a conscience est constitué de choses physiques perceptibles ou imperceptibles, mais aussi d'éléments qui proviennent de son propre mental, de son imagination, sans existence réelle. Cela entraîne une confusion entre ce qui est réel et ce qui est imaginaire, une conception erronée de soi-même et du monde, et par voie de conséquence, des pensées, des paroles et des actes inadéquats, qui sont à leur tour source de problèmes et de souffrance dans l'avenir proche ou lointain. Car l'Énergie Cosmique crée ce que l'homme imagine.

Lorsqu'un homme prend conscience que le monde manifesté n'est qu'un instrument à son service, il prend le pouvoir sur la nature, animée ou non, et s'émancipe des contingences du monde physique.

La création d'un être humain

Comme nous l'avons déjà dit, le monde n'existe que pour le bénéfice de l'esprit individualisé, la conscience individuelle humaine. Chacune de ces parcelles de l'Esprit Universel investit automatiquement tout être vivant dont le mental est suffisamment développé pour l'accueillir, et, par là, donne naissance à un individu humain capable d'être conscient de soi et d'avoir une volonté propre.

L'étincelle spirituelle, l'esprit individuel peut s'incorporer – s'incarner – dans le corps de n'importe quel animal qui, dès lors, la conscience d'être étant acquise, pourra poursuivre son évolution vers les plus hautes expressions spirituelles. Ce n'est donc pas la forme du corps qui fait l'humanité d'un être, mais le développement mental, le développement de son cerveau.

De l'union de l'esprit divin avec la nature animale naissent la conscience de soi, les facultés créatrices latentes et l'aptitude à l'autonomie. Malgré cela, l'homme reste lié à sa nature physique. De cet état des choses découle une lutte, un tiraillement entre les différents éléments de l'être, chacun agissant pour la satisfaction de ses besoins propres.

Lorsqu'une nouvelle planète se forme, pour l'usage de l'homme, les esprits individuels s'incorporent dans des êtres vivants que nous appelons les « bêtes ». Cela a été le cas pour la Terre.

Le corps physique humain tel que nous le connaissons actuellement a été élaboré sur une très longue période. Pas seulement par la sélection et l'évolution naturelles ; des modifications chirurgicales ont été faites. Durant la lente évolution – avec la collaboration des aides invisibles – la forme physique s'affine et se perfectionne pour aller vers une forme et des facultés que nous ne connaissons pas actuellement.

Il existe une différence radicale entre la psyché de l'animal et celle de l'homme, même primitif. L'animal n'est développé que jusqu'au niveau de l'émotionnel. L'homme, lui, est conscient de son existence, il est capable de lier entre elles les idées abstraites. L'humanité est donc d'un ordre plus élevé que les premiers règnes – le minéral, le végétal et l'animal.

L'animalité est triple : corps, sentiments, pensée ordinaire ; l'être humain, lui, possède, à l'état latent, le pouvoir de la pensée abstraite et créatrice, le pouvoir d'imaginer et de créer ce qu'il imagine sur le plan physique. Ces facultés se développent progressivement, si elles sont utilisées.

Au terme de l'évolution individuelle, les corps matériels et tous les éléments d'ordre physique – le sentiment, l'action et la pensée – doivent être sous le contrôle absolu de l'esprit. L'être conscient qui utilise les corps, l'esprit incarné, doit s'entraîner pour parvenir à ce stade.

L'homme spirituel avancé possède ainsi le don d'une perception totale de l'unicité de l'être. Ayant de la compassion pour tous les êtres, il peut devenir conscient du fait qu'il partage la Vie Une avec tous, que cette Vie Une est la racine commune de tout ce qui est.

Lorsque toutes les facultés humaines sont utilisées au service de la volonté divine, l'homme devient un surhomme et transcende le règne humain, ayant appris la leçon que le règne comporte. Les guides et instructeurs de l'humanité sont de tels êtres humains, parfaits.

L'évolution humaine

> Le but principal de notre vie est
> de nous préparer à devenir des canaux
> par lesquels la force divine se déversera.
> Ce but devra être le facteur dominant
> dans toutes les décisions que nous aurons à prendre.
>
> LEADBEATER.

Le but de la vie humaine est de réaliser ce que l'homme est par essence, un être spirituel. Cette évolution se fait au cours d'une longue série d'incarnations. L'homme doit développer ses différents corps, et notamment son intellect, pour parvenir à réaliser pleinement toutes ses potentialités.

Durant sa longue évolution, l'entité humaine s'incarne souvent dans une forme physique dans le but de prendre conscience à l'état de veille de son identité réelle, spirituelle, et de s'exprimer de plus en plus pleinement en tant qu'esprit dans un corps physique.

Les corps doivent donc être entièrement développés puis affinés afin de pouvoir libérer en eux les facultés spirituelles.

Chacun suit un cheminement individuel qui se poursuit aussi bien pendant qu'entre les différentes incarnations. Cette évolution n'est ni automatique ni régulière. Elle exige un effort permanent, sinon il y a régression. On peut évoluer autant en trois jours qu'en mille ans.

L'évolution humaine est uniquement spirituelle, il n'y a donc absolument aucun rapport entre le degré d'avancement et une quelconque place dans la société du plan physique. Un roi, un savant ou un pédégé ne sont pas systématiquement plus avancés qu'un esclave, un simple d'esprit, ou un ouvrier.

Chacun de nous est à un degré de son évolution individuelle, et ne peut sans conséquence vivre en deçà de ce degré. Par exemple, l'homme évolué ne pourrait tirer aucun avantage à se conformer à des systèmes tels que l'astrologie ou le groupement religieux. Il ne participe pas aux ténèbres mais, au contraire, fait rayonner autour de lui la lumière qu'il a en lui.

Il y a aussi une évolution globale de l'humanité, mais elle est encore plus lente et très inégale. Le progrès technique n'en est pas une manifestation. Elle se fait par cycles, avec de nombreux retours en arrière. L'humanité est mentalement la même qu'il y a des millénaires, et, si c'est nécessaire, elle peut retourner à un état aussi primitif qu'à l'époque dite du Néandertal.

Le cycle des incarnations prend fin aussitôt que l'âme individuelle vibre dans la conscience de l'Âme Universelle. Le « Jugement dernier » est individuel, et intervient souvent tandis que l'âme individuelle est encore incarnée.

Les étapes de l'évolution

> Il y a nécessité de nature, pour l'âme immortelle,
> d'être guérie et purifiée,
> et si elle ne l'a pas été par sa vie terrestre,
> la guérison s'opère par les vies futures et subséquentes.
>
> GRÉGOIRE DE NYSSE.

Comme nous l'avons vu, l'évolution humaine n'est pas automatique, elle exige un effort personnel. Ceux qui progressent sont ceux qui se mettent en cause personnellement.

La première étape de notre évolution est la *solidarité*. L'individu doit apprendre à vivre avec les autres, à prendre conscience de ses liens avec les autres hommes et, par suite, avec tout l'univers. À ce niveau, les conséquences de ses actes sont collectives.

La deuxième étape est celle de la *responsabilité*. L'entité devient plus indépendante, elle émerge du groupe, et la responsabilité de ses actes, positifs ou négatifs, s'affirme dans ce qui l'entoure. Les conséquences de ses actions deviennent plus individuelles. L'individu est de plus en plus conscient de sa responsabilité dans la création et la résolution de son karma, dans la conduite de son propre destin. Il apprend ainsi que la vie est une et indivisible, qu'il en fait partie, et que ses mérites peuvent profiter aux autres.

Dans l'ultime étape de la croissance, après de nombreuses vies humaines, l'*esprit profond* domine peu à peu toute la personnalité.

Cette évolution est extrêmement lente, d'autant plus que l'entité doit faire un effort personnel pour comprendre et résoudre les situations problématiques, et avancer ainsi dans la prise de conscience de lui-même.

Au début de son existence cosmique l'homme a besoin d'un environnement qui le tienne en éveil et lui permette de prendre conscience de sa responsabilité vis-à-vis des autres. Cet apprentissage se fait habituellement au sein de groupes plus ou moins fermés. Leur existence est simple, souvent agricole. Leurs processus mentaux sont encore inertes, embryonnaires. Ils ont un état de conscience très simple, souvent associé à un instinct très développé concernant les phénomènes naturels.

Cela ne veut pas dire que ceux qui vivent dans un environnement moderne et urbain sont des êtres plus avancés. Beaucoup de citadins devront passer par ce stade un jour ou l'autre. Le nombre des retours à la terre ou à une vie de groupe le prouve.

Les subtilités de l'intelligence supérieure ne s'éveillent que plus tard. L'aptitude à la pensée abstraite et aux formes les plus complexes de raisonnement n'apparaît que rarement dans la jeunesse. Chez les êtres les moins avancés elle ne se manifeste pas de toute la vie car elle n'a pas encore été éveillée.

La Nature Divine ne peut s'exprimer pleinement sur le plan manifesté que lorsque le mental est suffisamment éveillé. Cet éveil se fait par cycles de sept ans ; ce n'est qu'une moyenne, pour certains le cycle peut être de six ans, pour d'autres, huit ou neuf.

Chaque cycle correspond au développement d'une enveloppe, physique, astrale, énergétique, émotionnelle et mentale.

C'est seulement alors que l'esprit peut agir au niveau de cette enveloppe et à travers elle.

L'évolution de l'homme est lente, comme nous l'avons vu plus haut. D'autant plus lente qu'elle exige une volonté et un effort. Elle ne peut se faire au cours d'une seule existence terrestre. Il faut que l'individu revienne plusieurs fois sur Terre pour progresser. Pour cela, il doit renaître dans un nouveau corps physique, sous une autre personnalité.

Les obstacles à l'évolution

> Si l'homme réalisait la moitié de ses désirs,
> il doublerait ses peines.
>
> B. Franklin.

Le véritable progrès de l'homme se fait dans la prise de conscience qu'il est un esprit uni à l'Esprit Universel, et dans la réalisation effective de cette union.

Bien que l'esprit intérieur n'en soit pas affecté, l'âme humaine est gênée par de nombreux obstacles, dont la principale est l'ignorance, la méconnaissance, en réalité l'oubli, de son moi réel et cosmique.

Ces obstacles sur le chemin de celui qui désire atteindre l'éveil sont :

1. Les *sentiments négatifs* : la honte, l'envie, le ressentiment, la haine, la lassitude, la maladie.

La passion conduit à la convoitise, l'attachement excessif, aux désirs incontrôlables, à l'aspiration ardente, à l'insatisfaction perpétuelle.

2. Les *émotions négatives* : le doute, l'anxiété, l'angoisse, la peur.

3. Les *attitudes négatives* : l'incapacité à atteindre tout degré d'abstraction, l'attachement aux choses matérielles, les préjugés, l'instabilité ou la dispersion, la négligence, la paresse.

Cependant, la connaissance purement intellectuelle ne suffit pas, il faut chercher la vérité en soi.

Pour l'homme spirituellement avancé, les choses vaines et mondaines sont des causes de souffrance, parce que les modifications du mental, les troubles émotionnels, les soucis qu'elles provoquent sont contraires à l'avancement spirituel.

Le principe
de la réincarnation

La réincarnation, un mystère ?

> Il y a probablement dans la nature une foule de choses
> qui ne peuvent être dites vraies, ni certaines,
> parce que notre esprit n'étant arrivé jusqu'à elles
> n'a pu s'en faire une idée, ni une opinion.
>
> LAFAYE.

Si la croyance en la survivance de l'âme humaine après la mort est universelle et relativement admise, celle de sa préexistence au corps physique dans lequel elle s'incarne, bien qu'elle fût partagée de tous temps par les peuples du monde entier, avec quelques nuances, trouve quelques réticences dans les pays les plus avancés. Il y a plusieurs raisons à cela, dont certaines ne sont pas toujours bonnes. Il y a d'abord des raisons philosophiques, morales ou religieuses d'occulter le secret de l'incarnation, parce que, dans une période d'obscurantisme, les hommes ont tendance à trop se référer à des existences passées pour expliquer leur situation actuelle, et à leur vie future pour échapper à leur responsabilité. D'où une grande confusion, qui a conduit à la décadence de grandes civilisations. Nous arrivons à une période où cette occultation n'est plus indispensable, au contraire.

La deuxième cause d'incompréhension du principe de la réincarnation est l'option scientifique et technique choisie dans les pays dits avancés, qui veut qu'une chose n'existe que si elle est démontrée et reproduite dans des conditions scientifiques rigoureuses. Ainsi, nous nous servons aujourd'hui de lois ou d'appareils qui, pour la science – en fait, pour certains scientifiques –, ne pouvaient exister. Je ne vais pas passer en revue toutes les découvertes, toutes les inventions qui entrent dans cette catégorie. Certains de leurs inventeurs sont morts dans la misère, ou ont payé de leur vie le fait d'avoir eu raison sur la science.

En ce qui concerne l'âme – ou l'esprit –, sa préexistence et sa survivance ne peuvent pour le moment être démontrées scientifiquement. Non pas que ce soit impossible, mais la science est aujourd'hui plus pragmatique, et ses commanditaires ont des objectifs plus concrets, même si certains scientifiques, qui ont reçu une formation rigoureuse et ont fait la preuve leur ingéniosité, s'interrogent sérieusement. Néanmoins, l'étude et l'explication du plan spirituel peuvent se faire de manière tout à fait rationnelle, à condition de sortir du dogmatisme pur et dur. D'une part, le processus est tellement complexe que, lorsqu'il s'agit de l'étudier de manière rationnelle, un certain nombre d'énigmes se révèlent bien vite. D'autre part, les implications du principe de la réincarnation ont tant d'implications psychologiques, sociales, culturelles, politiques, religieuses, etc., que celui-ci exige une étude et une explication approfondies.

La décorporation et la mort

> La mort n'est pas l'ultime vérité.
> Elle nous paraît noire,
> de même que le ciel nous paraît bleu.
>
> R. TAGORE.

Durant l'incarnation, l'esprit individuel, de même que tous les corps subtils, est si étroitement fixé au corps physique qu'il se confond avec la personnalité.

Cependant, il peut quitter le corps matériel. Quand nous dormons, par exemple, nous passons automatiquement dans un monde qui est un mélange fantasmagorique des réalités invisibles aux yeux physiques, des pensées, des sentiments, des éléments de la mémoire ordinaire ou subliminale et de l'avenir en formation – souhaits, projets…

L'esprit peut aussi quitter le corps durant la veille, soit spontanément, soit volontairement, seul ou avec la presque totalité des corps subtils. Dans le premier cas, l'expérience est inconsciente, ou n'est perceptible de manière intuitive que sous la forme d'éclairs de voyance, ou par ses répercussions sur le plan physique. Dans le deuxième cas, on a pleinement conscience de se déplacer dans l'espace, d'être dans des lieux éloignés, et diverses autres sensations. Cependant, celles-ci sont différentes des perceptions ordinaires ; elles sont plus larges, plus fines. Mais il est impossible habituellement d'agir sur le plan matériel, sauf dans certaines conditions particulières.

Durant l'extériorisation, que ce soit à l'état de veille ou de sommeil, l'esprit demeure relié en permanence au corps physique par un cordon de matière subtil qui véhicule aussi bien les informations que l'énergie. Il peut ainsi, continuer à surveiller le corps et intervenir aussitôt en cas de danger ou si c'est nécessaire.

Le corps physique constitue le point d'attache de toutes les autres enveloppes. À la mort, le lien vital qui existe entre lui et l'âme est rompu, la corde d'argent se brise, et le corps matériel est définitivement abandonné.

La mort peut avoir lieu à n'importe quel âge, en dehors de toute maladie ou de tout accident. Cependant, le karma, individuel ou collectif, d'un individu détermine le plus souvent un scénario qui va correspondre à des nécessités pour toutes les personnes en cause.

La mort n'est vraiment qu'une « mise en scène », les événements qui sont provoqués ne correspondent pas toujours à l'idée que l'on en a. Par exemple, si un esprit, pour des raisons karmiques, doit « quitter » son corps, cesser sa vie, il peut avoir un simple arrêt du cœur. Mais il peut encore être amené à mourir dans des conditions dramatiques pour la formation d'une personne qui, pour son propre karma, doit passer par cette expérience. Dans un tel cas, la police, les assureurs pourront conclure que le décès relève de la responsabilité de telle ou telle personne, alors qu'il s'agit d'un événement provoqué pour des raisons karmiques.

Dans un autre scénario, un homme pourra mourir dans un accident de voiture. La question que l'on pose dans ce cas-là est : « Est-ce qu'il a souffert ? » Mais l'esprit, la conscience d'être, ce qui souffre, peut avoir quitté le corps deux secondes avant le choc et ne pas avoir vécu l'événement.

Après la mort, il y a une période d'inconscience qui dure plus ou moins longtemps, selon la nature individuelle et la cause de la mort. L'homme peu avancé, ignorant des choses spirituelles, peut être troublé au point de perdre le contrôle de lui-même. Fort heureusement, il y a, sur le plan physique comme sur le plan spirituel, des êtres pour les aider ou les guider.

Les initiés savent ce qui se passe et ce qu'il faut faire, d'autant plus qu'ils sont déjà en relation avec des êtres des autres plans spirituels.

Les forces et les facultés subtiles s'affirment progressivement, mais la plupart des âmes de décédés ne savent pas s'en servir, parce qu'ils ne l'ont pas appris. L'âme est alors telle qu'elle a été formée au cours de son existence, le double exact de la personne physique. Toutefois, son champ de conscience se rétrécit pour ne laisser que ce qui l'intéressait ou le touchait, et ce à quoi il croyait vraiment. Ses pensées se projettent alors dans la matière astrale pour former son propre univers, de manière très personnelle. Une âme peut retrouver sa chambre ou son fauteuil favori. Celle d'un ex-coureur automobile peut se faire son propre circuit et continuer de tourner durant des années.

C'est ainsi qu'un individu désincarné peut retrouver des conditions correspondant à ses croyances, ainsi que des entités qu'il s'attendait, consciemment ou inconsciemment, à rencontrer. Il s'agit d'une « objectivation » à partir de la matière psychique, interne ou externe. Cela peut aussi bien être un milieu idéal, comme le ciel, qu'un entourage effrayant, comme l'enfer. L'épreuve peut être douloureuse.

Toutes les expériences de l'après-vie sont la propre création de l'individu, selon le prototype qu'il a élaboré durant son existence, et la conception qu'il se fait des autres et du monde.

L'âme désincarnée construit ce qu'elle a elle-même imaginé. Ce fantasme dure jusqu'à ce que l'énergie qui l'anime s'épuise, la sienne propre et celle que peuvent lui fournir les personnes qui y pensent, ou d'autres encore qui, par une mauvaise hygiène psychologique ou par la pratique de sciences occultes ou du spiritisme, l'alimentent. Cela se fait dans un temps plus ou moins long, selon les connaissances, le degré d'élévation spirituelle et le développement de chacun, l'insatisfaction découlant des appétits et des désirs.

Le passé disparaît alors progressivement, au fur et à mesure que l'expérience est assimilée, et que son impression faiblit. L'âme désincarnée peut se retrouver dans une ambiance paradisiaque (béatitude), si, durant sa vie terrestre, elle était animée par l'idéalisme, l'amour désintéressé, la création artistique, le service des autres. On peut considérer cet état comme permanent, bien que le temps que nous connaissons n'ait pas de valeur dans l'au-delà, qui est hors du temps.

L'esprit, encore solidaire de l'âme, vit pendant quelques temps, d'abord centré sur le monde émotionnel, puis sur le monde mental. Pendant ce temps, il assimile les expériences qu'il vient de vivre, jusqu'à ce qu'une fois de plus ses facultés personnelles soient mises en réserve, comme en hibernation. Pendant un temps, l'entité reste en repos, étant de nouveau avec le Soi réel, c'est-à-dire un être spirituel.

Lorsque le meilleur de la vie passée est assimilé à son tour, l'entité entre dans un état de latence. Puis commence alors une toute nouvelle incarnation. Certaines entités avancées peuvent cependant se réincarner immédiatement pour terminer une tâche ou remplir une mission. Pour cela, les travailleurs invisibles cherchent un corps disponible – parce que l'âme qui l'habite doit le quitter.

L'expérience de la mort est rendue d'autant plus pénible pour le décédé que son attachement pour le plan terrestre est fort.

De même, l'intérêt, l'attention que lui portent ceux à qui il était cher, leurs pensées, les cérémonies funéraires, les rites d'ensevelissement, sont autant de poids qui retiennent l'âme dans des conditions précaires dans des sphères proches de la Terre.

Il est préférable de la libérer par un adieu définitif, mais joyeux – puisque c'est pour son bien –, et de procéder à la crémation de son corps et à la dissipation de ses cendres.

L'incarnation et la réincarnation

> Le Père engendre sans cesse son Fils
> et je dis plus encore :
> il m'engendre en tant que Fils et le même Fils [...].
> Je dis davantage :
> il m'engendre non seulement en tant que Lui et moi,
> en tant que son être et sa nature.
>
> Maître ECKHART.

Nous avons vu plus haut qu'un esprit s'incarnait dans les êtres vivants dont le mental était suffisamment développé. Dès cette première incarnation, il s'identifie à l'être de chair qu'il occupe, il assume son histoire, au point d'oublier ce qu'il est vraiment, ainsi que ses facultés spirituelles propres. Ainsi il se retrouve soumis aux lois ordinaires de la nature, conditionné par l'existence physique.

Dès lors, commence pour la nouvelle créature humaine – même si son corps peut être tout d'abord purement animal –

un long cheminement, dont le but est de parvenir à la plus haute expression de son être réel, spirituel. Cela consiste en fait à dissiper l'ignorance, les ténèbres dans lesquelles il est plongé par l'incarnation, à libérer l'esprit de la matière, de ses liens émotionnels et affectifs avec le monde physique, liens qui le suivent d'incarnation en incarnation. Finalement, cela doit mener à son perfectionnement et sa réintégration à l'état indifférencié.

Cette progression est très lente, l'individu doit passer par des phases durant lesquelles il doit s'unir à un corps physique.

Pour bien comprendre le processus de la réincarnation, il faut considérer l'homme incarné comme une trinité :

1. L'*esprit* est l'entité originelle, l'être réel. Bien que totalement immatériel, l'esprit est emprisonné dans la matière. C'est lui qui se réincarne.

2. L'*âme*, une nouvelle, est créée par l'esprit à chaque incarnation pour l'application du karma. À cette fin, c'est elle qui dirige la formation du corps physique, choisissant parmi les éléments fournis par le père et la mère ceux qui conviennent le mieux pour accomplir le karma. L'âme appartient au règne physique, elle est le siège du mental, de la sensibilité, des émotions et des sentiments ordinaires. Elle survit au corps aussi longtemps que son propre dynamisme le lui permet, conformément à ses croyances et ses attachements. C'est l'âme qui peut aller au paradis décrit par certaines religions, à condition qu'elle y croit vraiment. Le corps physique et l'âme constituent la personnalité humaine.

3. Le *corps physique* n'est que l'enveloppe ou le véhicule indispensable à la vie sur terre, donc à l'évolution de l'entité, à l'application du karma.

Dans la pratique, l'être humain « est » ce qu'il a conscience d'être, ce qu'il croit être. Selon la conception qu'il a de lui-même, il est une personne physique limitée ou un esprit illimité.

Il ne s'agit pas seulement d'une simple impression psychologique, la conscience de l'homme peut s'identifier, donc « être », n'importe quelle réalité, mais aussi n'importe quel concept de son imagination.

La conscience individuelle peut aussi s'identifier à des personnes vivantes, et même agir par l'intermédiaire de ces dernières. Dans ce cas, les actes ainsi accomplis ne sont pas portés au compte des personnalités d'emprunt.

L'identification peut être spontanée, volontaire ou provoquée, consciente ou inconsciente. Quand elle est spontanée, elle peut être dommageable à la santé nerveuse et psychique, et même conduire certains dans des asiles psychiatriques. Provoquée, elle permet de nombreuses expériences. Volontaire, elle facilite l'action à distance, notamment la guérison spirituelle. Employée de manière méthodique, elle permet également des expériences intéressantes.

Cette faculté de la conscience permet de comprendre à quel point le corps et la personnalité dans lesquels celle-ci s'incarne n'est qu'un support « pédagogique » qui ne lui sert qu'à comprendre la leçon de la vie.

C'est l'entité spirituelle elle-même, avec l'assistance des travailleurs invisibles, qui détermine le moment, l'environnement, la famille, les conditions, etc., qui conviennent pour cette leçon. Elle choisit, en outre, parmi les qualités ou les tares, la dose d'énergie vitale et les taux vibratoires que fournissent les parents sélectionnés et l'entourage, ce qui convient pour exprimer la nature de l'individu, les capacités qu'il a développées dans le passé, et pour lui enseigner le principe, la vérité qu'il a à apprendre.

En prenant un corps physique, la matière subtile est d'abord rassemblée sous la forme mentale, puis la vie émotionnelle s'y tisse ; finalement, l'embryon physique se développe pour être peu à peu pris en charge par l'esprit humain.

Dès l'embryon, le corps physique, le mental et le destin même de chaque individu incarné sont limités par certains côtés, et avantagés par d'autres. C'est pourquoi les enfants de mêmes parents peuvent être très différents.

La chaîne des incarnations ne peut être interrompue que par la prise de conscience et la réalisation de notre identité profonde, divine. Cela peut demander un temps très long, ou quelques jours pour ceux qui y sont déjà préparés. Certains de ceux qui lisent le présent ouvrage sont peut-être dans ce cas.

Certaines entités très avancées peuvent produire des incarnations d'elles-mêmes – Tulkous –, des instruments pour l'accomplissement d'une œuvre contribuant au bonheur des êtres. Ces incarnations d'une perfection inhabituelle ne sont donc pas des hommes ordinaires. Elles manifestent très tôt des dons exceptionnels.

La vie entre deux incarnations

L'essence de l'être humain est la pure conscience individualisée. Durant ses incarnations, et entre celles-ci, elle se dote de différents véhicules, physiques ou subtils.

Cela se passe exactement comme pour une personne ordinaire qui revêt des habits différents selon ses activités. Le facteur, par exemple, porte durant son travail un uniforme. À la fin de sa tournée, il remet ses habits. Pour dormir, il passe un pyjama. Le dimanche, il porte une tenue sportive pour jouer au football, par exemple. De plus, dans chaque circonstance, il adopte le comportement qui convient : il obéit à son supérieur hiérarchique, il chouchoute ses enfants, il dirige l'équipe de football dont il est capitaine…

Il y a des états d'être incarné et des états d'être désincarné. Cependant, tous ces états ne suivent pas forcément une chronologie aussi rigoureuse de celle que nous connaissons dans la vie courante, et ce d'autant plus que le temps lui-même est soumis aux états de la conscience.

Ainsi nous pouvons vivre dix ou soixante-dix années qui ne laisseront aucune trace dans la mémoire ou dans le corps, tandis qu'une seule seconde d'horloge peut s'étaler au point de devenir plus importante qualitativement que tout le reste d'une existence.

Si l'état de conscience incarnée est considéré pour nous, les « vivants », comme l'état normal, durant le processus de libération, l'entité passe par différents plans intermédiaires, abandonnant à chaque étape les véhicules qui ne lui servent plus.

Certains véhicules, comme le corps physique, se désintègrent très rapidement, à moins d'avoir été récupéré par une autre entité, ou préservé par des conditions ou des manœuvres particulières. Cependant, il ne peut durer éternellement, sauf dans des cas très exceptionnels où il est transformé en « corps glorieux », incorruptible, qui n'a plus besoin de nourriture.

D'autres véhicules comme l'âme, séparée de l'entité, persiste de manière autonome, dans un environnement astral et terrestre conforme aux croyances – ciel, paradis, enfer, etc. – et à la manière d'être de la personne décédée.

L'esprit dépositaire du karma reste attaché à l'entité, dans l'attente et la préparation d'une nouvelle incarnation.

L'oubli des existences antérieures

Si notre mental communiait sans discrimination et en toute conscience avec notre esprit, l'excès d'informations concernant les nombreuses incarnations antérieures rendrait la vie impossible à cause de la confusion qui s'ensuivrait. Les innombrables situations conflictuelles des incarnations passées pourraient réveiller des regrets, des remords, des émotions douloureuses et des sentiments de vengeance, etc.

Une entité qui a construit une maison ou réalisé une œuvre sous une autre personnalité pourrait être tentée de récupérer ce qu'elle estimerait être « son bien ».

Par contre, lorsque l'homme avancé communie en toute connaissance de cause avec son propre esprit, il peut en retirer une connaissance et une réalisation parfaite de son Soi.

Il peut connaître tout ce qui concerne son passé, en sachant que tous les corps qui ont été les siens, toutes les existences, tous les événements qu'il a connus au cours de sa vie cosmique n'ont pas plus d'importance que sa « première culotte ».

Il sait que ce n'est pas le rôle – prince, esclave, etc. – que l'on a tenu dans une existence qui importe, mais la façon dont on a accompli ou résolu le problème qui se posait, et la leçon que l'on en a retiré. Il peut se servir de cette connaissance pour aider les autres et s'aider lui-même.

La transmigration de l'âme

L'âme, nous l'avons vu, peut sortir du corps physique en diverses occasions, volontairement ou non, en restant relié à lui par le cordon d'argent.

L'extériorisation peut être provoquée par la suggestion verbale, par une magnétisation prolongée, ou par des procédés occultes.

L'âme peut encore être littéralement éjectée du corps physique lors d'événements soudains, impressionnants, traumatisants, comme un accident, une blessure par balle, un bombardement, une cérémonie de type animiste, etc., et être alors amenée à s'incorporer momentanément ou définitivement dans un animal, une plante, ou autre.

Durant cette période, le corps physique se trouve souvent dans un état stuporeux ou comateux.

Le corps, même s'il n'est abandonné que très brièvement par l'âme, peut être investi par une ou plusieurs entités étrangères – « élémental » ou âme errante de décédé.

Les services neurologiques des hôpitaux, les asiles psychiatriques sont encombrés de « malades » qui sont dans ce cas. Bien entendu, aucun traitement ne peut y remédier.

L'âme humaine peut aussi quitter définitivement le corps qu'elle occupait pour en occuper un autre.

Dans la vie courante, les humains ont pris l'habitude de punir les agitateurs, voire de tuer les plus agressifs, les plus virulents. La peine de mort est une erreur, car même dans l'au-delà, ces âmes égarées vont continuer à faire le mal par l'intermédiaire de personnalités faibles. Pas seulement les êtres chétifs, mais aussi ceux qui, pour des raisons ponctuelles – problèmes, maladie, fatigue, abus d'alcool, de drogue, de médicaments neuroleptiques –, sont dans un état de moindre résistance.

Il est préférable d'assigner l'âme de ces personnes dans un être vivant suffisamment fort pour « digérer » les instincts destructeurs, un chêne dans la pleine force de l'âge, par exemple, et après lui avoir demandé son accord, bien entendu.

Les archives akashiques

Toutes les paroles, les pensées et les actions des hommes, tous les événements du monde s'inscrivent dans un « espace » appelé « archives akashiques », dans la sphère spirituelle la plus haute, l'Empyrée.

Les initiés peuvent lire ou voir tout ce qui est inscrit dans cet Akasha (espace).

Réminiscences d'incarnations antérieures

Durant la Seconde Guerre mondiale, le capitaine George Patton, nouvellement affecté à Langres, dans le département de la Haute-Marne, affirma bien connaître la ville, où il aurait été légionnaire romain. Il montra à ses hommes différents sites où se trouvaient des bâtiments de l'époque. Il précisa : « C'était comme si quelqu'un m'avait soufflé tout ce que je disais. »

Ce « quelqu'un » était-il son propre esprit ou l'âme d'un légionnaire errant encore sur les lieux de sa mort ? Il est impossible de répondre de manière absolue à cette question.

On peut considérer la vie comme totalement tracée, à la façon d'un dessin sur un canevas, la conscience individuelle ne faisant que se déplacer sur ce dessin, bâtissant sa propre existence.

Il nous est possible, et ce à tout moment, d'aller à droite ou à gauche, en avant ou en arrière, de nous déplacer dans le temps et dans l'espace.

Cela permet de comprendre comment chacun peut, non seulement « construire » son avenir, mais aussi « reconstruire » son passé.

Les souvenirs de toute l'existence cosmique d'une entité demeurent latents dans sa conscience profonde, son subconscient, d'où ils peuvent ressurgir, soit par bribes de souvenir, soit comme une connaissance infuse.

Il n'y a aucun intérêt à connaître nos existences antérieures, en ce qui concerne notre évolution spirituelle. Sur le plan de l'existence terrestre, elles ne sont utiles que si elles s'accompagnent d'une certaine sagesse, et dans but de résoudre un problème.

Dans les autres cas, cette connaissance peut avoir des conséquences traumatisantes pour l'entité non parvenue à un certain stade.

Par exemple, un jeune Juif des années quatre-vingt-dix, très actif contre les anciens nazis, peut lui-même avoir été nazi, et agir pour compenser ses propres actions passées.

Le militant de la cause humanitaire peut avoir été, au cours d'une autre existence, un chef militaire ou un politicien qui a provoqué un génocide, ou un homme d'affaires qui a ruiné des régions entières.

C'est ainsi souvent le cas pour les militants les plus actifs. Par une espèce de mouvement de balancier, ils vont d'un excès à l'autre.

Le principe du karma

La réalité du karma

> Je suis le maître de mon destin,
> le capitaine de mon âme.
>
> HENLEY.

Lorsque l'homme ordinaire considère sa vie, il est amené à penser que les événements qui s'y déroulent sont déterminés par sa volonté et par le hasard.

Lorsque tout se passe bien, il s'en attribue le mérite. Lorsqu'il en perd la maîtrise, et que sa situation devient difficile, il en attribue généralement la responsabilité aux autres, à la nature, à la contingence. Cette attitude est infantile, car on ne peut compter sur les autres, la société ou le hasard, pour arranger les choses.

L'existence humaine est régie par une loi universelle, la loi karmique, ou karma. Attention, il ne s'agit pas d'un « ensemble de règles édictées par quelque autorité », mais bien d'une loi naturelle, comme celle de la gravitation. Une loi qui ne tient pas compte des personnes, qui n'est qu'une simple réaction à une impulsion donnée par la pensée, la parole ou l'action, qui n'affecte que son auteur.

J'insiste sur le fait que, si une tierce personne est touchée par nos actes, que ce soit en bien ou mal, c'est que, de son côté, elle l'avait mérité.

Le mot « karma » est universellement connu aujourd'hui. C'est néanmoins une des notions les plus mal comprises. Il est surtout utilisé dans le sens de destinée, avec une forte nuance de fatalisme.

Cette conception a des conséquences extrêmement fâcheuses pour ceux qui l'adoptent. Persuadés qu'ils ne peuvent rien faire contre un destin fatal, des millions de femmes et d'hommes renoncent à leur libre arbitre et voient leur vie détruite.

Lorsqu'elle est enseignée comme dogme, ce sont des groupes, des peuples entiers, qui sombrent dans la décadence.

Pour ces raisons et pour d'autres, les autorités religieuses et politiques ont choisi d'occulter le principe du karma, ainsi que celui de la réincarnation. Mais cette solution se révèle encore plus destructrice, car chaque individu doit obligatoirement prendre en main son destin. C'est la seule façon de corriger les conséquences néfastes de nos actes passés et d'éviter aujourd'hui, pour l'avenir, des souffrances mentales ou physiques qui risquent de nous enfoncer davantage dans les ténèbres de l'erreur.

En reconnaissant que le karma n'est qu'une loi naturelle, peu importe le poids de la charge karmique que nous avons pu élaborer durant nos incarnations passées ; à partir du moment où nous nous conformons aux lois cosmiques – celles de l'Amour, du Pardon, de la Grâce, etc. –, notre karma peut être effacé. Nous pouvons échapper alors à la fatalité, et croître indéfiniment en esprit jusqu'à la plénitude de notre être.

Cela peut et doit être obtenu sans effort. Tout effort, toute lutte, est le signe que nous sommes dans la mauvaise voie. La seule chose que nous ayons à faire est de nous unir, par la pensée, à l'esprit infini qui réside en nous et qui est notre être réel, et de le laisser diriger notre vie. Il anime déjà notre corps et nous donne la vie, mais, lorsque nous le faisons consciemment, nous ouvrons plus largement les voies, les canaux, par lesquels il peut agir dans notre corps, dans notre environnement et dans toutes nos affaires, en nous inspirant, nous guidant et en nous protégeant. Des choses que nous croyions impossibles peuvent alors, et alors seulement, devenir possibles. Il n'est jamais trop tard ; le lieu et le moment propices, c'est ici et maintenant. Qui que nous soyons.

La notion du bien et du mal

> L'essence de l'enfer,
> c'est le désir de dominer les autres.
>
> E. SWEDENBORG.

La plupart des systèmes religieux ou moraux mettent l'homme dans un état d'esprit sadomasochiste. Il est préjudiciable de passer toute son existence à combattre sa nature profonde sous le prétexte quelle est mauvaise. Il importe de ne pas confondre le mal, du point de vue spirituel, avec la morale humaine. La morale est toujours le vestige de préjugés ou de dispositions qui pouvaient être bonnes à une certaine époque et pour des raisons ponctuelles, et persistent bien après que les causes ont disparu, souvent en dépit de la nature ou à l'encontre des intérêts des individus.

La seule observance de la morale, si elle n'est pas accompagnée d'un amour et du respect de soi et des autres, ne suffit pas pour nous assurer un bénéfice karmique.

La Cause Première est – dans son état primordial, absolu, spirituel, éternel – indifférenciée, toujours la même, mais elle est polarisée dans sa manifestation : positif et négatif, ombre et lumière, esprit et matière, bien et mal, etc.

Lorsque l'on considère les affaires des hommes, force est de constater l'existence de « forces opposées à la vie ». Des individus, des groupes, des peuples entiers ne cherchent qu'à nuire ou à soumettre leurs congénères, que ce soit par la force brute ou par des moyens plus subtils. Leur action est tellement systématique que certains sont même amenés à penser que c'est le mal qui règne sur le monde.

Cependant, dans sa nature absolue et constante, la Vie est positive, constructive, créative, curative. Il suffit de l'observer dans son principe pour constater qu'elle est Amour, Paix et Harmonie.

Cette Vie Parfaite réside en chacun de nous – même les plus vils –, dans notre être profond, et ce, quelles que soient notre situation et les circonstances dans lesquelles nous nous trouvons.

Nous pouvons, à tout moment, rentrer en nous-même et retrouver cet Amour, cette Paix et cette Harmonie.

Le bien et le mal, comme toutes les autres paires de contraires, ne sont que des outils nécessaires à chaque individu pour la prise de conscience de son identité réelle, mais n'ont pas de réalité dans l'absolu. Craindre le mal, donner son attention au mal, c'est se détourner de son bien pour participer activement à l'action des « forces contraires à la vie », c'est agir contre soi-même et contre les autres. Il faut, au contraire, nous tourner vers le Principe Absolu de la Vie en nous, y ancrer notre conscience pour en être éclairé, guéri.

On y parvient par la méditation, par le retournement sur soi-même. Même si ce n'est qu'un bref instant, ce contact a sur nous, sur notre environnement, dans toutes nos affaires, une influence et une action bénéfiques.

La loi karmique

> Avec le monde a commencé une guerre
> qui doit finir avec le monde, et pas avant :
> celle de l'homme contre la nature,
> de l'esprit contre la matière,
> de la liberté contre la fatalité.
>
> J. MICHELET.

Le karma est une loi cosmique selon laquelle nos actions – y compris nos pensées et nos paroles –, bonnes ou mauvaises, entraînent obligatoirement des conséquences analogues pour nous-même. Cette loi est universelle, c'est-à-dire qu'elle agit de la même manière partout et pour tous. Elle est d'une justice absolue, elle est un principe d'équilibre et de développement.

La loi karmique n'a pour but ni de punir, ni de récompenser, mais de conduire son être à la plus haute expression en le mettant sans cesse en face des conséquences de ses actes, et ce, jusqu'à ce qu'il prenne conscience du fait qu'il est le seul responsable dans ce qui lui arrive.

Cette dernière remarque est la plus importante. Tant que l'individu n'a pas compris la leçon qu'il doit apprendre, il se retrouve devant la même épreuve à subir, le même problème à résoudre.

Cela peut se faire sur plusieurs incarnations. Bien que, sur le plan cosmique, le temps n'ait pas la même valeur que sur le plan terrestre, l'épreuve ainsi reconduite et non surmontée mène souvent à des situations encore plus dramatiques.

Les actes et leurs effets forment une chaîne sans fin car les effets causent à leur tour d'autres effets.

Nos pensées, nos paroles, nos actions, même les plus insignifiantes, ont des répercussions positives ou négatives sur nous. Ce sont elles qui déterminent les conditions dans lesquelles nous allons vivre, la qualité de notre existence.

Les pensées, les paroles et les actes négatifs provoquent la souffrance. Les pensées, les paroles et les actions positives nous amènent des bienfaits.

Il ne s'agit pas là, comme nous l'avons vu, de punitions ou de récompenses, mais uniquement de la juste conséquence de nos actes, chacun dans notre propre existence.

Nos actions affectent, outre nous-même, les gens de notre entourage, la famille, les amis, mais aussi tous ceux qui nous sont attachés par différents liens, d'affection, d'intérêt, qui les mettent en état de résonance avec nous. Il y a aussi tous ceux qui, où qu'ils soient dans le monde, vibrent dans une fréquence proche de la nôtre, parce qu'ils entretiennent les mêmes sentiments, les mêmes émotions. Il importe de se souvenir que chaque homme est uni à tous les autres par l'intermédiaire de la

Conscience Cosmique, de sorte que tout ce qu'il fait, c'est d'abord à lui-même qu'il le fait.

Personne ne peut être affecté, en bien comme en mal, par qui que ce soit, s'il n'est pas lui-même dans le même état de résonance.

Chaque individu se retrouve, un jour ou l'autre, dans des existences futures, devant les résultats qu'il a générés sur Terre, devant les situations qu'il n'a pas su résoudre.

Nous retrouvons notamment des individus qui y étaient impliqués, dans des circonstances analogues, parfois au détail près.

L'action intentée à l'encontre d'une personne nous lie à cette dernière à longue échéance, pour plusieurs incarnations. Au bout d'un certain temps, le « schéma karmique » de l'un ou l'autre des protagonistes peut avoir changé. Par exemple, si le karma de celui qui était le « méchant » a changé en bien, il peut être poussé à aider son ancienne victime, même au prix d'un sacrifice.

Il y a deux sortes de karmas :

1. Celui qui s'est formé dans le passé proche ou durant des incarnations antérieures, qui est prêt à se réaliser en tant qu'événement inévitable dans la vie présente.

2. Celui qui est en cours d'élaboration à chaque instant, producteur d'événements et de tendances futures.

Par nos pensées, par nos paroles, par nos actes, par notre attitude envers nous-même et envers les autres, par nos réactions, nous modifions à chaque instant le présent, nous déterminons l'avenir, et nous réparons le passé. Il peut s'écouler plusieurs existences avant que les conséquences – positives ou négatives – de nos actes ne se manifestent.

La loi karmique travaille à tous les nivaux : pensée, désir et action.

Les habitudes de pensée construisent notre personnalité. Les désirs génèrent des occasions de satisfaction ou d'insatisfaction. L'action transforme les conditions et le milieu.

Chaque existence apporte des opportunités particulières et, suivant que ces occasions sont ou non utilisées, l'être humain croît, piétine ou régresse.

L'homme, dans son ensemble et dans toutes ses parties – famille, corps, comportement, environnement, activité –, est la manifestation du karma qu'il a élaboré aussi bien dans son existence présente que durant les incarnations passées. La confusion entre l'action, le sentiment et l'émotion complique la perception que l'on peut avoir du karma.

À mesure qu'il devient plus sensible, l'individu comprend de plus en plus les lois de la nature, et ce, jusqu'au point de collaborer volontairement avec la Vie Divine. Il lui faut cependant savoir ce qu'est la volonté divine.

La voie indiquée par la loi karmique est celle de la fraternité, le sentier de la sainteté. Il existe sur cette terre des hommes parfaits, qui ont atteint ce but, mais qui restent volontairement pour aider l'humanité, au lieu de passer sur d'autres sphères d'existence et d'activités. Ils sont des collaborateurs conscients du plan général de l'évolution.

Nous avons toujours la possibilité de corriger notre karma, même au moment de l'échéance. Nous sommes l'artisan et le maître de notre destin futur, sur cette terre et dans l'au-delà, entre les incarnations.

À quelque degré d'évolution qu'il soit, chacun a parfaitement le droit de se contenter de vivre une existence matérielle, sans se préoccuper de sa nature spirituelle, mais la prochaine incarnation peut se faire dans un environnement beaucoup plus défavorable, et le travail sur soi sera plus aléatoire, plus difficile.

La loi karmique est juste et implacable, mais, fort heureusement, la Conscience Cosmique a prévu des garde-fous contre l'inconséquence des hommes. Des « travailleurs invisibles » ont pour tâche de surveiller et corriger l'application du karma, afin d'éviter que certains ne dépassent leur capacité de résistance.

Le karma ne se forme et ne se liquide que durant la vie terrestre dans le corps physique. Autrement dit, l'esprit individuel subit les conséquences d'actes accomplis par la personnalité physique (qui n'est qu'un groupe d'atomes animés par l'Émotionnel).

L'erreur la plus couramment commise, même par des personnes averties, est de croire que le karma ne se solde que dans les existences futures. En réalité, la liquidation d'une charge karmique se fait aussitôt que les circonstances le permettent ; cela peut être immédiat, et d'autant plus rapide que l'individu est spirituellement avancé. C'est d'ailleurs le cas pour l'essentiel du karma, mais, comme la relation n'est pas évidente, on ne s'en rend pas compte.

Il n'y a pas que les mauvaises pensées et les mauvaises actions envers les autres qui sont comptabilisées, les agressions contre notre propre corps physique ont des conséquences graves dans nos prochaines incarnations.

Les actes de l'homme spirituellement avancé ne sont ni bons, ni mauvais, ils sont simplement justes, suscités par l'Entendement Collectif. Ceux des êtres divins, des êtres infernaux et des hommes ordinaires sont : bons, mauvais, ou bons et mauvais à la fois (c'est le cas pour le commun des mortels).

Il résulte des actes de l'homme ordinaire des dépôts latents qui se manifestent au cours des incarnations suivantes – ils peuvent sauter une ou plusieurs réincarnations –, sous forme de tares, d'avantages ou de dons, qui peuvent se manifester lorsque les conditions sont favorables.

Même lorsque les dépôts latents sont bloqués par les conditions d'existence durant une incarnation, elles subsistent dans l'esprit, tout comme la mémoire.

Comme les latences sont liées à un individu particulier, elles disparaissent quand celui-ci disparaît. Néanmoins, elles persistent par elles-mêmes et en elles-mêmes grâce à l'impulsion qui leur a été donnée. Mais aucun homme avancé ne peut en être affecté, si son propre karma ne présente pas une certaine analogie.

Si le karma est une loi naturelle, elle concerne l'homme, un être libre, et cela complique considérablement son application, comme nous allons le voir.

L’aura humaine

Depuis la nuit des temps, et sous toutes les latitudes, les hommes ont parlé d’un halo lumineux qui entoure le corps humain et que seules certaines personnes peuvent voir.

Tout ce qui vit, chaque chose, chaque plante, chaque animal, chaque personne, chaque pays, autant dire tout ce qui existe, possède cette enveloppe qui est à la fois une émanation de lui-même et un cocon électromagnétique dans lequel il vit, et qui l’isole et le protège du monde extérieur – physique et spirituel.

L’aura est une projection de tout l’individu, physique, animique et spirituel. Elle correspond très exactement à la nature de l’individu, c’est-à-dire à ses croyances, conscientes et subconscientes, à ses pensées, ses émotions, ses sentiments, ce qui détermine la qualité de ses vibrations. Seules des vibrations qui présentent une certaine analogie avec les siennes peuvent y pénétrer.

L’aura apparaît comme une enveloppe de matière fluidique colorée qui flotte autour du corps physique. Les couleurs correspondent très exactement à l’état de chaque organe du corps, dont on peut ainsi connaître l’état de santé, mais aussi à l’état de conscience ou l’état émotionnel de l’individu sur le moment.

Certaines personnes, les médiums, peuvent les voir naturellement, et peuvent donc avoir toutes ces informations.

Pour recevoir des pensées, des influences, des énergies positives, nous devons obligatoirement nous mettre en harmonie avec celles-ci.

Pour nous accorder, notamment, aux plus hautes vibrations, nous devons purifier notre corps et notre mental en observant des règles hygiène strictes, en fixant notre attention sur des sujets positifs, élevés, et en entretenant en nous des pensées de bienveillance, de compassion.

Tout ce qui parvient au corps de l’extérieur, mais aussi de notre propre esprit, transite toujours par l’aura. Ainsi en est-il de l’action de la prière, comme nous le verrons plus loin. L’aura est aussi une sorte de mémoire, à la fois de notre corps, de notre mental, de notre esprit, de notre activité sur tous ces plans, de nos dons, de nos émotions, de nos sentiments, de nos maladies.

Elle exprime toutes ces valeurs par ses couleurs, sa densité, son rayonnement. Elle est donc d'autant plus changeante que nous sommes nous-mêmes sensibles aux événements de la vie.

La couleur et la taille de l'aura révèle l'état de santé ainsi que l'état émotionnel de l'être. Plus on est en bonne santé, plus l'aura est large et rayonne vers l'extérieur. Plus on est malade ou fatigué, plus l'aura se resserre. Plus nos pensées sont pures, plus les couleurs sont claires. Lorsque nous sommes sous l'emprise de sentiments négatifs, d'émotions violentes, les couleurs sont sombres. L'aura des personnes déprimées, sujettes aux idées noires, est sombre et lourde. Cette lourdeur se retrouve dans leur allure, dans leur démarche.

Cependant, l'une des fonctions les plus importantes de l'aura est d'être le dépositaire du karma latent, celui qui est mis en réserve pour les prochaines incarnations.

Lorsque l'âme quitte le corps physique, lors de la transition et au cours d'une décorporation, l'aura quitte le corps avec l'âme.

Mécanisme et nuances du karma

Dans cet être de Dieu où Dieu est au-dessus
de tout être et de toute distinction,
j'étais moi-même, je me voulais moi-même,
voulant créer l'homme que je suis.
Et c'est pourquoi je suis la cause de moi-même,
selon mon être éternel, mais pas selon mon devenir qui est temporel.

Maître ECKHART.

Si, comme nous l'avons vu, le karma n'est qu'une loi naturelle, son application est tellement complexe qu'il est impossible d'en saisir le déroulement.

Nos pensées comme nos actions sont complexes. Elles produisent des effets sur tous les plans d'existence à la fois : physique, astral et mental.

Chaque action, individuelle ou collective, est suivie d'une réaction. C'est la motivation – désintéressement ou avidité, inadvertance ou volonté de nuire – qui conduit l'action et qui détermine le niveau où la réaction majeure se produira.

Le karma tient compte de tous les éléments qui contribuent à chacun de nos actes : le motif, l'intention, les conséquences, les remords, les regrets, le pardon, la réparation.

C'est l'entité elle-même, donc nous-même dans ce qui nous concerne personnellement, qui conduit l'application du karma.

Pour se faire, assistée par les « travailleurs invisibles », elle commence par rechercher une femme qui présente toutes les caractéristiques nécessaires. Puis, elle crée une nouvelle âme qui va diriger la construction du corps physique en tenant compte des nécessités du karma.

Le plus souvent, les parents ayant été choisis à dessein, l'âme sélectionne les gènes existants ; elle peut, si l'esprit de l'entité le souhaite, créer des maladies ou des malformations qui apparaîtront dès la naissance ou plus tard, à un moment prédéterminé. Ces affections latentes pourront cependant être évitées ou minorées si la personne, consciente des risques, reçoit les soins qui conviennent, et surtout si elle corrige le comportement qui l'a conduit à ce karma.

L'Ego spirituel, ou Soi, récapitule des aspects particuliers de son passé pendant la croissance du corps. Tandis que la vie élémentaire qui joue à travers les corps intérieurs va vers sa maturité, le Soi prend successivement ceux-ci en charge.

La loi karmique remet en contact ceux qui sont liés par un même karma, que ce soit d'amour, de haine ou de responsabilité partagée.

Le fait d'être en contact avec une personne prise dans un karma négatif peut être le signe que nous avons la possibilité d'intervenir, ou le devoir de l'aider.

Le karma collectif

Dans les pays civilisés, les hommes s'organisent pour que leurs actes négatifs soient effectués par des professionnels – armée, commerce, industrie. Ainsi, ils peuvent exploiter les plus faibles, piller d'autres pays, voire se livrer à de véritables génocides.

Les décisions sont prises par des personnes mandatées ou élues, qui agissent sous le couvert du bien public. Certaines en profitent, sans s'en rendre compte, ou en faisant semblant de pas le savoir ; les autres se contentent de dire, faussement désolées, « qu'on ne peut rien y faire ».

Cependant, tous ceux qui profitent, qui approuvent, qui ferment les yeux, devront payer un karma un jour ou l'autre. Le plus souvent, collectivement.

Comment épurer son karma

Pourquoi épurer son karma ?

> Dans la vie, il faut être un peu trop bon
> pour l'être assez.
>
> MARIVAUX.

La plupart des gens qui se trouvent dans une situation excellente ou, tout simplement, acceptable, pensent qu'ils l'ont mérité grâce à leurs bonnes actions dans leurs incarnations passées. Cette conviction les conduit naturellement à penser qu'ils sont sur la bonne voie, ou qu'ils sont spirituellement avancés. Certains peuvent même penser qu'ils sont presque saints et en tirer quelque gloire.

Cependant, une période bénéfique ne signifie pas forcément l'inexistence de toute charge négative. Une incarnation agréable peut n'être qu'un simple répit dans un karma extrêmement négatif qui se manifestera dans des incarnations futures.

Il est possible de rechercher par une lecture des archives akashiques l'existence éventuelle d'une charge négative afin d'y remédier, mais les choses ne sont pas toujours aussi simples. Tout le monde ne peut pas être mis en face de son passé sans dommage. Il ne faut faire appel à la régression qu'avec beaucoup de prudence.

Il est préférable de laisser notre esprit intérieur nous purifier. Il suffit pour cela de le vouloir, de le demander, et, surtout, de le laisser agir à notre place. Nous verrons plus loin plusieurs techniques. La prière et la méditation progressive en sont les principales.

Le libre arbitre

Avoir son libre arbitre signifie qu'une personne doit, non seulement chaque jour, mais à chaque instant, faire un choix qui engage son avenir immédiat ou lointain. L'incapacité de prendre des décisions est d'ailleurs le premier signe de l'infantilisme, de la régression mentale, de la maladie.

Même si nous répugnons à l'admettre, toute notre activité est régie par une instance dont nous n'avons pas conscience : l'Entendement Collectif ou Cosmique. Mais nous avons la faculté de juger, de décider et de faire ce que nous voulons, c'est le libre arbitre.

Cependant, le mental ne peut jamais avoir toutes les informations nécessaires pour former un jugement juste, que ce jugement nous concerne personnellement ou concerne les autres. Aussi instruit ou intelligent soit-on, on ne peut pas vraiment savoir ce que pensent les autres, quelles sont leurs motivations et leurs intentions réelles.

Nous savons encore moins ce qui va se passer sur le plan national, ni l'évolution des choses de la nature, le temps, les catastrophes…

Contrairement à ce que l'on peut penser, les jugements du mental sont toujours erronés, et toutes les décisions qui en découlent ont pour conséquences les problèmes et la souffrance.

Il existe bien des aides invisibles, mais ces dernières n'interviennent que pour empêcher à l'homme d'aller trop loin dans son négativisme.

Dans le cadre d'une prise en main de notre propre destin, il importe de prendre conscience de notre libre arbitre.

Âmes déchues et âmes chargées

> Dans la vie, les jeux sont donnés,
> mais avec un jeu donné
> chacun peut faire une partie différente.
>
> W. GOETHE.

Lorsqu'on analyse les lois du karma, une première constatation vient à l'esprit : il ne peut y avoir sur terre d'être parfait, puisque nous venons sur terre pour épurer notre karma, pour nous débarrasser de nos impuretés.

Donc, même parmi ceux qui apparaissent comme des gens d'une haute moralité, certains n'agissent dans cette existence que pour compenser leurs actions négatives dans une existence précédente.

Attention, il ne faut surtout pas juger les autres ; personne n'a le droit de le faire. Il y a d'autres raisons pour lesquelles une entité avancée est dans l'obligation d'agir sous les feux de l'actualité. De tels êtres apparaissent de loin en loin sur terre pour remplir une mission précise.

D'autres personnes, au contraire, semblent porter sur leurs épaules tout le mal du monde. Dès leur naissance, ils sont pris dans un destin d'autant plus lourd qu'ils semblent souvent manquer de toutes les facultés nécessaires pour réagir.

Malgré les apparences, aucune âme n'est définitivement perdue. À tout moment, un homme peut se lever de son lit de douleur, laisser tomber ses chaînes, échapper à un destin qui paraissait insurmontable.

Le mal n'a aucun pouvoir réel.

Accepter la leçon

Pour avancer, nous devons commencer par accepter les leçons de la vie. Les gens, les conditions et les circonstances extérieures ne sont que des facteurs passifs. En effet, ils n'ont aucune responsabilité dans ce qui nous arrive, ils sont là uniquement pour nous aider à comprendre toutes les leçons de la vie.

Lorsqu'il nous arrive quelque chose de négatif, la bonne attitude consiste à accepter la leçon sans amertume, sans passion, et à nous tourner vers le Cosmique pour lui laisser le soin de remettre de l'ordre dans notre mental, dans notre corps, ou dans nos affaires.

La loi de la rédemption

> Chaque homme est à lui-même,
> d'une façon absolue, la voie, la vérité et la vie.
>
> H. P. BLAVATSKY.

La karma est une loi du monde manifesté, mais l'homme, par son esprit profond, appartient à la quatrième dimension.

La loi de la rédemption donne la possibilité à chaque individu d'échapper aux lois strictes de la nature matérielle (naissance, maladie, vieillesse, mort).

Tant que la plus haute condition n'est pas atteinte, le fait d'être incarné, sous quelque forme que ce soit, constitue une entrave à la liberté totale.

À mesure que l'homme se détache du monde physique, les sources de problèmes et de souffrance disparaissent. Lorsque la conscience est fermement établie dans l'esprit intérieur, l'homme est émancipé de la loi de cause à effet.

Même dans les pires situations – dont nous sommes toujours personnellement responsables – notre esprit infini prévoit toujours une issue parfaite. Il suffit de faire appel à lui pour que tout s'arrange.

La loi de la grâce

La loi du karma concerne l'homme incarné. Même si l'esprit individuel est lié à l'âme et au corps, il a le pouvoir d'agir sur le karma, et même de l'effacer.

Les choses se passent comme pour les lois ordinaires de la nature ; à partir du moment où l'on s'y conforme, les choses rentrent dans l'ordre.

Une loi n'est pas une personne, elle ne peut dire : « Puisque tu ne m'as pas observée pendant cinq ans, je refuse de fonctionner. » Elle répond obligatoirement.

La seule chose que nous ayons à faire est de nous tourner vers elle et de lui confier nos problèmes, de lui confier toutes nos affaires.

Cependant, si nous savons ce qui nous a conduit à notre situation problématique, il faut d'abord prendre la décision de ne plus recommencer. Si nous avons nui à quelqu'un, il faut demander son pardon et faire le maximum pour réparer.

La loi du pardon

S'il est vrai que, dès le moment où nous adoptons une attitude positive ou constructive, notre karma commence à se modifier, toutefois nous devons encore agir afin d'annuler la charge négative passée.

Il faut demander pardon à tous ceux auxquels nous avons pu nuire, volontairement ou non. Lorsque c'est possible, cela doit être fait de vive voix ; le faire mentalement suffit, du moment qu'on est sincère.

Il suffit de dire : « Untel, pardonnez-moi pour le mal que j'ai pu vous faire. Soyez libéré à jamais de tout ressentiment. »

Il faut aussi pardonner à ceux qui ont pu d'une manière ou d'une autre nous décevoir, nous blesser…

La prière

La force de l'amour

> Si la haine n'était pas de ce monde,
> toutes choses ne feraient qu'une.
>
> EMPÉDOCLE.

On dit couramment que l'amour n'existe pas, mais seulement les preuves d'amour, tant les êtres les plus faibles éprouvent le besoin de manifestations d'affection.

L'homme ordinaire aime ou n'aime pas, voire déteste, en fonction de critères illusoires, d'apparences et de préjugés, d'impulsions irréfléchies qui peuvent être provoquées volontairement par des personnes mal intentionnées ou par l'état de son corps physique.

Seuls les êtres avancés sont capables d'amour véritable, d'amour désintéressé, bénissant et irradiant. Ils sont pleinement conscients du lien effectif qui attache les hommes entre eux.

L'Amour est le fondement de la Vie. Sans la force fondamentale de l'Amour, l'homme ne peut communier avec l'Esprit Infini qui est en lui. Il n'est qu'une entité isolée des forces de la Vie.

Les vertus du silence

> Je me réjouis de ce que nous pouvons toujours
> nous retirer de tous les tourments
> pour aller vers le Cœur Invisible, l'Amour Céleste,
> et non seulement pour être apaisés, mais aussi rechargés,
> non pas pour être récompensés,
> mais pour recevoir le Pouvoir de transformer toutes choses.
>
> R. W. Emerson.

La première et la meilleure chose que nous ayons à faire, si nous désirons être aidé par l'esprit infini en nous, le Cosmique, est de nous taire et de garder le silence.

Il ne s'agit pas seulement d'économiser ses forces. Le mental – autrement dit le cerveau – ne peut, en aucun cas, concevoir ce que peut faire le Cosmique, qui possède des moyens illimités. Plus encore, toutes les pensées, toutes les paroles du mental sont autant de suggestions qui peuvent bloquer.

Il faut simplement se détendre, et penser à l'omniprésence qui réside en soi comme dans l'esprit de l'univers.

C'est la prière la plus simple.

La puissance de la prière

> La prière fervente est d'une grande efficacité.
>
> Épître de Jacques, v, 16.

Beaucoup de gens prient tous les jours, selon diverses techniques, mais fort peu obtiennent des résultats.

Mettre en mots nos désirs ou nos souhaits, c'est concentrer et cibler ; il importe donc de bien choisir ces mots.

La prière ne doit pas être un simple réconfort dans la détresse, ni une façon d'échapper momentanément à une situation pénible.

Prier, c'est laisser la Toute-Puissance qui est en nous agir à travers nous et pour notre bien. C'est ouvrir les canaux par lesquels ces biens vont nous parvenir.

Les éléments de l'homme sont éternellement vivifiés par l'Esprit Primordial, mais nous pouvons les vivifier davantage par la prière qui donne naissance à des courants spirituels d'une haute efficacité.

La prière est un dialogue avec le Père qui est à la fois en nous et partout (dans le ciel).

Lorsque l'on aborde la prière, que ce soit pour demander un soulagement ou pour entrer en contact avec Dieu, il est important que ce ne soit ni avec légèreté, ni avec trop de gravité, ni avec crainte. Il faut avoir une intention, une motivation réelle.

Nous faisons partie d'une entité unique, universelle, c'est-à-dire omniprésente, qui est la Vie même. Tout ce qui survient au moindre des êtres vivants, où qu'il soit, a un retentissement positif ou négatif sur notre propre existence.

Il faut prier non seulement pour résoudre nos problèmes, mais aussi ceux des autres. Ce faisant, nous participons au dessein cosmique. Ceux qui agissent ainsi sont bénis.

Aucun homme incarné ne peut communiquer directement avec le Dieu universel. Nous devons obligatoirement passer par notre propre esprit, le Cosmique.

Nous devons nous y préparer et partir en vainqueur, pour gagner. Il faut prier avec assurance, ferveur, foi et confiance. Une telle prière est active, puissante et efficace.

Contrairement à ce que pensent certains, il faut faire appel au Père qui est en nous, quoi que nous fassions, à chaque circonstance essentielle de la vie : une entrevue professionnelle, le règlement d'un différend, en conduisant son véhicule, au cours d'un voyage, avant un repas.

Comment agit la prière

> Les miracles ne sont pas en contradiction
> avec les lois de la nature,
> mais avec ce que nous savons de ces lois.
>
> SAINT AUGUSTIN.

La prière s'élève d'abord vers le Pouvoir Suprême, qui réside à la fois dans notre esprit et dans l'Esprit de l'Univers, pour retomber vers l'âme, la nôtre ou celle de celui pour lequel nous prions.

Mental > Aura > Âme > Mental > corps physique

Les prières agissent dans les sphères de l'Astral. La prière magnétise notre aura, celle des choses ou des personnes pour lesquelles on prie. Elle entoure celui qui en est l'objet et qui prie de hautes vibrations. La substance de la nourriture est magnétisée par la prière ; quand elle atteint les organes, les poisons n'ont que peu d'effet, ou pas d'effet du tout.

Techniques de la prière

> À l'égard de la société,
> le premier devoir est d'être quelqu'un, c'est-à-dire soi-même.
> Et nous ne pouvons être nous-même
> que si nous sommes assez souvent seul avec nous-même.
>
> R. P. DIMET.

La prière doit être une prière du cœur, consciente et sincère.

Pour qu'elle soit vraiment efficace, il est préférable de prendre l'habitude de suivre une méthode qui permette de se conditionner automatiquement, de se mettre en contact avec le Pouvoir Suprême :

– mettre de l'ordre dans nos pensées et dans nos cœurs, afin de prendre conscience du Grand Esprit de l'Ordre ;

– entrer dans le silence, dans un lieu tranquille ;

– regretter nos actions – volontaires ou involontaires – qui ont pu nuire à quelqu'un ;

– demander pardon silencieusement ;

– prendre la décision de ne pas recommencer ;

– envoyer des pensées d'amour. L'amour allège notre esprit ;

– rassembler nos pensées et les orienter vers Dieu (on est alors en union avec Dieu) ;

– penser à tout ce que l'on sait de Dieu : « Dieu est Amour, Puissance, Ordre, Lumière, Amour… » Et toujours prendre conscience de Dieu qui est à la fois en soi et dans tout l'univers. En affirmant la Toute-Puissance de Dieu, nous nous libérons des puissances du bas monde qui voudraient avoir autorité sur nous ;

– oublier notre nature humaine pour ne faire qu'un avec l'Esprit, le Père qui est en soi. Se porter (par la pensée) à la rencontre du Père dans notre âme, à l'intérieur de notre corps. Lorsque l'on est en union avec le Père, on est sous la protection de Dieu et des « travailleurs invisibles ».

Lorsque l'on prie uniquement pour soi, la prière n'a pas beaucoup de puissance. Il faut commencer par prier pour le monde entier, pour les pays ou pour les villes où des hommes vivent dans l'inquiétude, dans la guerre, dans la détresse, dans le chagrin, pour les personnes que l'on connaît qui sont dans l'angoisse, le désarroi…, pour toutes les personnes que l'on connaît sur terre, pour les gouvernants et pour les peuples. C'est seulement après qu'il faut prier pour soi-même. Prier pour qu'Il bénisse le don ;

– rendre grâce pour le résultat parfait.

Quand faut-il prier ?

Quoi que l'on fasse, il faut d'abord demander l'assistance et la protection du Cosmique. Il faut toujours prier, prier sans relâche. Il ne faut pas avoir peur de « déranger » le Cosmique, par un excès de modestie, même pour les choses les plus ordinaires. Le Cosmique est notre frère, notre ami, notre associé le plus fidèle.

Lorsque l'on prie pour résoudre un problème ou pour un mal quelconque, il faut continuer de prier jusqu'à ce qu'il soit résolu ou jusqu'à ce que nous sentions, par intuition ou par la paix qui nous envahit, que nous sommes rentré dans l'Ordre Cosmique.

Il est important de prier mutuellement, les uns pour les autres. En effet, lorsque nous sommes touché par un problème cuisant, pressant, il nous est difficile de garder la tranquillité d'esprit indispensable.

Par contre, un ami, ou un métaphysicien, peut, tout simplement parce qu'il n'est pas lui-même concerné par ce problème, maintenir de nous une vision apaisée, nous imaginer, nous « voir » guéri.

Lorsque nous restons seul en face de nos problèmes, cela peut demander plus de temps, avec le risque de devoir renoncer.

Le pouvoir de la foi

> C'est dans la tranquillité et le repos que sera votre salut,
> c'est dans le calme et la confiance que sera votre force.
>
> Ésaïe, XXX, 15.

On peut arriver, relativement facilement, à ressentir la confiance et la paix pendant que l'on prie ou que l'on médite, mais, une fois repris le cours de la vie, l'anxiété et l'inquiétude reviennent alors. C'est là qu'il faut faire preuve de confiance et demeurer tranquille.

Celui qui a acquis la certitude d'être le fils de la Lumière, une manifestation de l'Esprit Tout-Puissant qui réside en lui, n'éprouve pas de crainte, quelle que soit la situation. Il sait que, lorsqu'il laisse l'esprit agir à travers lui, il peut faire ou obtenir tout ce que d'autres ont fait ou obtenu. Il sait qu'il peut régénérer son âme et son corps, et s'élever jusqu'à la plus haute expression de son être profond.

La foi n'est pas qu'une simple croyance irrationnelle ; elle est une conviction ferme, tout simplement parce qu'elle est fondée sur l'expérience. C'est grâce à ce genre de foi que nous faisons des tas de choses en une journée, sachant que cela va donner le résultat que l'on attend. Allumer une allumette, par exemple. Si nous ne savions pas par avance qu'elle pouvait s'enflammer en la frottant, nous ne le ferions pas. C'est aussi cette certitude qui fait que l'agriculteur « jette » des grains de blé alors qu'il pourrait les donner à ses enfants. Il sait qu'en les jetant dans la terre, sous certaines conditions, chaque grain donnera un épi chargé de dizaines d'autres.

Cependant, quand on se livre à la prière pour la première fois, on ne peut avoir ce genre de conviction. C'est pourquoi la plupart des gens attendent d'avoir un sérieux problème, de ne plus avoir, selon eux, aucune solution avant de s'y résoudre.

Il vaut mieux ne pas arriver à cette extrémité. Par contre, pour qu'une expérience soit concluante, il est nécessaire qu'elle concerne quelque chose d'important, un désir majeur. Il faut faire une manifestation telle que notre conviction soit définitivement faite.

La foi a pour effet de ramener l'harmonie dans le mental et dans l'aura. Il ne s'agit pas d'une simple impression, l'électrocardiogramme et l'électroencéphalogramme révèlent que les rythmes et les ondes corporels sont beaucoup plus lents et plus cohérents.

Cela correspond à la fois à une plus grande réceptivité et à une possibilité d'action plus étendue.

La paix de l'esprit

> Bien faire ce qui dépend de soi,
> et, pour le reste, se tenir tranquille.
>
> ÉPICTÈTE.

Les émotions, qu'elles soient négatives ou positives, provoquent des perturbations, intellectuelles, spirituelles ou physiques, dans l'activité humaine. C'est à tel point que les recruteurs américains délaissent actuellement le calcul du quotient intellectuel (QI) pour celui du quotient émotionnel (QE) des candidats à des postes importants.

On sait que ceux qui ne dominent pas leur système émotionnel sont susceptibles de réactions incompatibles avec leurs intérêts et, à plus forte raison, avec ceux des autres. Sous le coup de l'émotion, ils perdent le contrôle d'eux-mêmes et deviennent imprévisibles.

Si bien qu'on commence à préférer les excentriques, ceux qui font ce qu'ils ont envie de faire, quand ils ont envie de le faire, sans se préoccuper de ce que pensent les autres.

La confiance en son destin, en la vie, en Dieu, ou en quoi que ce soit d'autre, engendre un état de paix profond qui ne fait pas que minimiser les inconvénients de l'existence en empêchant nos réactions intempestives.

La paix de l'esprit ouvre nos antennes, et nous met en prise directe avec le Cosmos, l'humanité et la nature tout entière qui concourent à la réalisation de ce que nous attendons. On appelle cela la chance.

La méditation progressive

L'Éveil de la Conscience

> Quand l'Esprit se dresse et commande
> les dieux sont prêts à obéir.
>
> E. W. WILCOX.

L'homme peut évoluer indéfiniment jusqu'à la réalisation de sa propre nature spirituelle. Au-delà, il perd toute individualité.

Tant qu'il est dans la chair, pour parvenir à se servir des facultés de son être profond, l'homme doit impérativement élever les vibrations de son être au niveau de celles de l'esprit. Cela s'appelle l'Éveil de la Conscience.

L'Éveil est le but de la vie humaine. Elle se fait grâce aux incarnations. Cependant, il ne s'agit pas d'un processus automatique, chaque homme doit impérativement le vouloir, et faire des efforts en ce sens.

Le temps n'a donc aucune incidence sur l'Éveil. À tout moment, n'importe quel homme peut y accéder en quelques semaines par ce que l'on nomme : la Voie Directe. Celle-ci est réservée à ceux qui s'intéressent uniquement à la sagesse, à la connaissance, au plan spirituel, car, une fois l'Éveil atteint, la vie terrestre n'a plus aucun intérêt.

La Voie Indirecte, celle de la vie courante, doit être préférée par ceux qui aiment la vie telle qu'elle est. En particulier, ceux qui souffrent de problèmes divers, affectifs, financiers, ou autres, ont intérêt à choisir cette deuxième voie, étant entendu que, à tout moment, ceux qui le désirent peuvent prendre la Voie Directe.

Qu’est-ce que la méditation progressive ?

> … soyez à vous-même votre propre île,
> votre propre refuge ;
> n’ayez point d’autre refuge.
>
> BOUDDHA.

Chez l’homme ordinaire, le mental est soumis à de multiples stimulations provenant des organes des sens, internes et externes, de la mémoire, de l’imagination, et aussi des perceptions extrasensorielles.

Si nous n’exerçons pas un contrôle permanent, la conscience est sans cesse perturbée par ces modifications.

Celui qui ne maîtrise pas son mental ne peut contrôler son existence, ni réaliser facilement son potentiel spirituel.

Le mental est fuyant, fébrile, puissant et tenace. Il est malaisé à dompter, mais on y parvient cependant par une volonté constante et tranquille.

Mais, pour qui persiste en appuyant ses efforts sur une méthode appropriée, la réussite est sûre.

La méditation progressive est une technique qui est connu depuis des millénaires. La Bhagavad-Gîtâ la décrit sous le nom de Sankya-Yoga ou « voie de l’approfondissement du moi spirituel distinct du corps physique ».

Son but est de faire la distinction entre le moi spirituel et le corps matériel, et de maîtriser ce dernier, ce qui permet d’agir à partir du spirituel, selon sa nature profonde et supérieure.

La méditation n’est pas la concentration. Elle n’est pas un état d’esprit, mais un état de l’être total, aussi bien corporel que non corporel. Aucune partie de l’être ne doit être exclue.

L’homme est un lien vivant entre le monde physique et l’Esprit Universel. La rencontre se fait à l’intérieur de lui-même, par l’intermédiaire de son propre esprit.

Le corps physique est le temple, le sanctuaire dans lequel se fait cette communion.

Le corps et le mental deviennent nos amis et nos serviteurs si nous les dominons, sinon ils sont des ennemis, car ils sont perpétuellement à la recherche du plaisir, parfois jusqu'à l'autodestruction, en dépit dans notre propre souffrance.

Nous pouvons et nous devons nous en servir pour nous élever.

Celui qui maîtrise le corps et le mental trouve la sérénité et communie avec l'Être Suprême qui réside à la fois en lui et dans le ciel. Rien n'a alors plus aucune prise sur lui.

Par la méditation, dans un état de paix et de certitude, l'homme obtient la connaissance spirituelle, et la réalisation de cette connaissance amène la plénitude.

La seule chose que nous ayons à faire est de fixer notre pensée sur l'esprit qui est en nous.

Pour progresser dans la méditation, comme dans toute activité, il faut pratiquer assidûment et régulièrement. Cela sera bien sûr plus facile pour ceux qui trouvent davantage d'intérêt dans les choses spirituelles que dans les choses matérielles.

Néanmoins tout le monde peut en tirer le plus grand bénéfice.

Buts et processus de la méditation

> Sans méditation, il n'y a pas de paix,
> et sans paix, il n'y a pas de bonheur.
>
> Bhagavad-Gîtâ.

La méditation procure au pratiquant ce qu'il peut en attendre, en fonction de ses objectifs, de ses idéaux.

Le but le plus élevé est le contact avec l'esprit qui vit en chacun de nous – l'« Excellence emprisonnée » – et qui est la plus haute réalisation que puisse atteindre l'homme durant l'incarnation et, par suite, la Réintégration Divine.

Mais on peut encore attendre de la méditation la réponse à une question, la solution d'un problème ou la réalisation d'un désir juste.

Le but de chaque méditation doit donc être réfléchi et clairement défini à l'avance. Cela peut être un simple contact avec le soi profond, mais, le plus souvent, cela sera un problème à résoudre, un but à atteindre, quelque chose qu'on se sent dans l'incapacité de réaliser… Le mieux est d'exprimer votre question ou votre souhait par écrit, en peu de mots.

Vous pouvez être réticent à utiliser la méditation pour régler un problème. En réalité, il n'y a que l'esprit humain, l'esprit profond qui puisse le faire. Chez les êtres primaires, on l'appelle l'instinct. Plus on progresse spirituellement, et plus on doit se fier consciemment à l'esprit.

Vous verrez que, dans votre vie, chaque fois que vous ne ferez confiance qu'à la réflexion, au mental – même s'il est pour nous le support de la pensée –, cela n'aboutira qu'à l'erreur. La réflexion doit suivre l'intuition.

Effets de la méditation

Si vous abordez la méditation avec trop de doutes, de scepticisme, d'anxiété, de confusion, vous pourrez avoir l'impression qu'il ne se passe rien. Ces sentiments-là doivent être domptés, détruits par la volonté et par la persévérance.

Néanmoins, du moment que vous suivez point par point la méthode, il se passera toujours quelque chose, même si vous n'en avez pas conscience.

Les principaux effets de la méditation sont :

– la maîtrise du corps physique et du mental ;

– le renforcement du système nerveux ;

– l'esprit pur, soustrait à l'action du physique, peut alors agir librement pour le plus grand bénéfice de tout l'être ;

– le nettoyage du mental subconscient des éléments négatifs ;
– l'émergence de la foi, grâce aux bénéfices de l'expérience.

Dans la « réalisation du Soi » profond (Samadhi), la méditation progressive fortifie et équilibre les corps – physique, émotionnel et mental – afin de leur permettre d'exprimer librement l'énergie, les pouvoirs et les facultés spirituelles de l'homme.

Nous pouvons recevoir des informations concernant des proches ou d'autres personnes, car notre esprit cosmique ne fait qu'un avec l'Esprit Universel.

Préparation à la méditation progressive

La méditation progressive peut se pratiquer de plusieurs façons, selon l'objectif poursuivi.

Le but le plus ambitieux est de parvenir rapidement à l'Éveil de la Conscience. Il est réservé aux personnes qui ont déjà atteint un avancement spirituel dans leurs précédentes incarnations et qui se sentent prêtes à renoncer définitivement au monde physique. On y parvient par une pratique intensive et constante.

Un deuxième degré, consiste à pratiquer régulièrement la méditation à raison d'une séance de vingt à quarante-cinq minutes chaque jour. Il s'agit d'établir une relation entre l'esprit, l'âme et le corps.

Au premier degré, la méditation peut être pratiquée chaque fois que l'on en ressent le besoin, après, bien entendu, avoir pris la peine d'apprendre la technique.

On ne doit donc pas entrer en méditation comme on entre dans un cinéma. Il faut s'y préparer.

Dans la prière, même la plus fervente, nous ne faisons qu'envoyer un message à notre esprit, qui va, à son tour, déclencher un certain nombre de processus aboutissant au résultat recherché.

Mais, comme nous l'avons vu, le but de la méditation est d'établir une liaison concrète avec les plans subtils dont les vibrations sont nettement plus élevées. Pour parvenir à la fusion du corps et de la psyché, nous devons d'abord élever les vibrations du corps physique et de l'âme.

La purification du corps, la connaissance de soi facilitent la concentration et réduisent la tension nerveuse et musculaire, les sources de stress que sont l'ignorance, l'égocentrisme, le désir, l'aversion, l'instinct de possession.

L'ignorance est la cause de tous les autres stress, qu'ils soient imperceptibles, bénins, maîtrisés ou excessifs. Elle résulte de la croyance que la réalité n'est que ce qui est visible et perceptible.

L'égocentrisme est le fait pour un individu de confondre son moi profond, spirituel, avec sa personne physique.

Le désir vient de l'intérêt ressenti pour les choses qui procurent du plaisir.

L'aversion découle de l'attention portée à la douleur et au déplaisir.

L'instinct de possession est l'attachement pour la vie terrestre. Naturel chez tous les êtres incarnés, même les plus spirituellement avancés, il se maintient par son propre attrait.

Toutes ces causes de problèmes sont en réalité exagérées par le mental, par le fait même d'y penser.

Quand elles sont encore légères, elles peuvent être chassées en portant notre attention sur leurs contraires, ou en détournant l'attention vers une occupation différente.

Lorsqu'elles sont tenaces, obsédantes, elles sont chassées, dispersées par la médiation qui, en apaisant les sens, conduit à une prise de conscience et à une connaissance juste.

Les adeptes les plus avancés observent, comme nous l'avons vu plus haut, un certain nombre de règles morales et hygiéniques très strictes, mais il faut se rappeler que ce sont des hommes qui sont détachés du monde matériel.

Pour le méditant ordinaire, qui continue à vivre dans le quotidien, les choses sont beaucoup plus simples.

Le lieu

Pour apprendre à méditer, il est préférable de disposer d'un endroit calme, où l'on ne risque pas d'être dérangé, autant que possible débarrassé de toute impureté, physique et astrale. Par la suite, on pourra le faire n'importe où.

Le mieux est de réserver une pièce à la méditation et au travail spirituel. Une petite table et un tabouret feront l'affaire. Surtout, il ne faut pas s'y livrer à une autre activité ordinaire. Ainsi elle sera purifiée et protégée des mauvaises ondes et des entités errantes de l'astral inférieur.

On pourra y faire brûler de l'encens, chaque jour, pour augmenter les vibrations de l'astral, de telle sorte que les entités inférieures ne pourront pénétrer dans la zone qui en est imprégnée.

La flamme d'une bougie, ou une lampe, allumée au moment où l'on travaille, a pour effet une transmutation de l'énergie ambiante en énergie cosmique.

On peut consacrer le lieu par une formule telle que : « Par les sept dons, je bénis ce lieu, qu'il soit une bénédiction pour moi et pour tous ceux qui y pénétreront. » Le fait de se livrer dans ce lieu à des prières ferventes et régulières suffit.

Il est encore possible de protéger la pièce en l'entourant d'une couche de matière astrale, mais cela demande quelques précautions pour éviter une déperdition de matière (saignement astral).

Au début, une petite mise en scène, par son impact sur le subconscient, peut aider – fenêtres et miroirs cachés, lumière tamisée, musique d'ambiance, etc. Cependant il est préférable de s'en passer.

L'heure

Choisissez une heure éloignée des repas, où vous risquerez le moins d'être dérangé. Le cas échéant, il vaut mieux avertir les proches. Les premières heures de la journée sont particulièrement bénéfiques pour l'activité quotidienne. Au contraire, dans la soirée, les contacts spirituels sont facilités.

La purification personnelle ou lustration

Avant de se livrer à la méditation, il convient de se laver les extrémités – le visage, les mains et les pieds – avec de l'eau fraîche, de les essuyer, puis de boire un verre d'eau.

Il ne s'agit pas d'un simple rite : l'effet de la friction fraîche sur des points essentiels du corps physique crée des courants hautement dynamiques dans les corps tant physique que subtil, ainsi que dans l'aura. En outre, l'énergie générée au cours de la méditation va être véhiculée par l'eau ingérée et se répartir dans tout votre organisme pour le régénérer.

La posture

On peut s'asseoir ou bien se coucher, du moment que la position est équilibrée et qu'elle peut être maintenue sans effort durant le temps prévu :

– couché bien à plat, bras et jambes légèrement écartés ;

– assis en lotus ou en tailleur pour ceux qui en ont l'habitude ;

– sinon, assis à l'égyptienne, sur une chaise, pieds bien à plat, cuisses horizontales.

Dans ces positions, les effets « physiques » de la méditation sont maximaux. Cependant, pour ceux qui n'ont pas l'habitude de ses attitudes fermes, il vaut mieux s'installer confortablement dans un bon fauteuil, les jambes légèrement écartées, les mains posées sur le bras du fauteuil, ou sur les cuisses, ou encore à côté de soi. Il sera toujours temps de s'entraîner à l'acquisition d'une des postures précédentes, à un autre moment en dehors des heures de méditation.

Ceux qui commencent la méditation durant une période de

problèmes cuisants, de grande fatigue ou de maladie, auront le plus grand intérêt à adopter une position qui conduit à la détente, même à l'assoupissement. Les effets de la méditation, dans ces circonstances critiques, n'en seront que plus rapides.

Gardez un petit carnet près de vous de manière à noter immédiatement tout ce qui vous semble intéressant.

Pratique de la méditation progressive

Voici quelques conseils à suivre fidèlement :

– éviter d'absorber de la nourriture durant l'heure qui précède le moment prévu ;

– lavez-vous le visage et les mains, et essuyez-les soigneusement ;

– buvez un verre d'eau fraîche ;

– installez-vous dans la position préalablement choisie ;

– détendez-vous un instant ;

– lisez mentalement, mais en articulant, la phrase que vous avez préparée. Faites-le trois fois, puis reposez le carton retourné ;

– fermez les yeux, fixez votre regard entre les deux sourcils, un peu à l'intérieur du front ;

– visualisez la phrase, le bien ou l'état recherché, sur l'écran de vos paupières fermées, en entrant en méditation ;

– faites sept respirations lentes et profondes en inspirant doucement (il ne faut surtout pas aspirer l'air, mais seulement ouvrir le thorax) ;

– dès que le mental et le corps commencent à s'apaiser, à se calmer… repensez volontairement aux personnes, aux événements, aux situations récentes qui ont pu éveiller en vous des sentiments ou des émotions négatives. Efforcez-vous de les minimiser ;

– pardonnez à ceux qui ont pu vous « énerver » ou vous blesser ;

– demandez mentalement pardon à ceux à qui vous avez pu nuire, même involontairement ;

– pensez à l'esprit infini qui est en nous et qui est votre Moi profond, votre être réel, primordial et éternel ;

– pensez à ce que vous savez de Dieu ;

– envoyez des pensées de bénédiction sur tous les êtres. Vous pouvez réciter une prière qui élève l'âme ;

– respirez doucement et naturellement sur un rythme de 4 secondes environ, sans fixer votre pensée sur quoi que ce soit de particulier, mais sans essayer de faire le vide. Cela peut aider de compter mentalement de 1 à 4 (1-2-3-4, 1-2-3-4, etc., ou 1-2-3-4, 4-3-2-1, 1-2-3-4, 4-3-2-1, etc.), mais, dès que le mental est apaisé – avec l'habitude, cela peut se faire rapidement –, contentez-vous de demeurer tranquille durant le temps prévu (entre 20 et 45 minutes) ;

– prenez l'habitude de noter après chaque séance les idées qui ont pu vous venir durant la méditation – vous concernant ou concernant d'autres personnes, ou un événement passé, présent ou à venir –, vos sensations, etc.

Conduite de la méditation progressive

Lorsque vous méditez, n'essayez pas de faire le vide dans votre tête. Des pensées pourront surgir et se développer dans votre mental, il ne s'agit alors que de l'activité automatique du cerveau. Ne faites rien, ne tentez pas de les analyser ni de les supprimer. Contentez-vous de vous tenir tranquille, en spectateur. Laissez-vous simplement aller comme dans une rêverie.

Avec le temps, vous pourrez avoir des expériences remarquables, mais vous ne devez pas les rechercher. Plus vous essayerez, et moins vous y parviendrez.

La Supraconscience ne raisonne pas. Elle connaît la réponse à votre question, la solution de votre problème. Elle « sait » s'il y a quelque chose que vous devez savoir ou faire vous-même, en tant que personne ; mais, le plus souvent, et comme pour la plupart de nos actes, sinon tous, il n'est nullement nécessaire que vous en soyez conscient.

Vous serez naturellement poussé à faire ce qu'il faut au

moment le plus favorable. Ou la réponse vous sera présentée de manière détournée, à un autre moment. Vous pourrez encore simplement constater que les choses s'arrangent d'elles-mêmes.

Lorsque vous aurez des réponses immédiates, elles correspondront à votre sensibilité propre. Cela pourra être une intuition, une vision, un mot ou une phrase, écrite sur une feuille ou sur un tableau, ou simplement « entendue ».

Si vous avez quelque blocage psychologique, le message pourra être « codé », symbolisé – en particulier lorsqu'il annonce une mauvaise nouvelle.

Quoi qu'il en soit, vous saurez par une certitude intérieure que c'est la réponse ou la solution que vous attendez.

Les états transcendants

L'extase

> Je connais un homme en Christ, qui fut,
> il y a quatorze ans, ravi jusqu'au troisième ciel.
> (Si ce fut dans son corps, je ne sais,
> si ce fut hors de son corps, je ne sais.)
>
> II Épître aux Corinthiens, XII, 2.

L'extase est un état ressenti comme une union de la conscience avec un principe extérieur durant laquelle la perception sensorielle disparaît. Toutes les fonctions du corps physique sont considérablement ralenties. La respiration et les battements du cœur deviennent imperceptibles.

Lorsque, par la pratique régulière de la méditation, le mental est soustrait à toute activité matérielle, nous parvenons à la réalisation de notre identité spirituelle, l'extase. Il s'ensuit un nettoyage, une purification du mental. Une fois le mental purifié, l'homme réalise son identité véritable et se trouve empli de contentement et de joie intérieure. Dans cet heureux état, il jouit, à travers ses sens purifiés, d'un bonheur spirituel infini.

L'extase est l'absorption totale du mental dans la Supraconscience ; l'identification du mental avec l'esprit qui vit en nous.

Durant l'extase, l'activité spirituelle est pleine et entière, il y a union avec l'Absolu.

Lorsque l'âme a fait cette expérience, elle sait que rien n'est plus précieux. Elle ne s'écarte jamais plus de la Vérité, mais y demeure, imperturbable, même au cœur des pires difficultés.

C'est donc la vraie libération de toutes les souffrances provoquées par l'incarnation.

L'entase

« Entase » est un mot qui a été créé par Mircea Eliade pour traduire *Samadhi*, terme indien signifiant « union », « totalité », « absorption dans », « concentration totale de l'esprit », « conjonction ». Le sens étymologique d'« entase » est « mise en place ».

Le but de l'entase est la connaissance immédiate et intuitive d'une chose, ainsi que cet état pour lui-même. Elle peut donc être avec ou sans objet ; argumentative ou non, avec ou sans réflexion.

L'entase est aussi une étape vers la réintégration divine en induisant la paix intérieure, le calme spirituel, la vacuité mentale, la distanciation par rapport aux choses de l'existence ordinaire.

Enfin, l'entase est un état de la pensée intériorisée, conscience lumineuse.

De nombreuses méthodes et techniques conduisent à l'extase ou à l'entase. Elles consistent en général en la répétition, solitaire ou collective, mentale ou orale, d'un mot ou d'une formule (par exemple, *Lâ'ilâha'illâh-Llâh*, « Il n'y a de Dieu qu'Allâh »), parfois accompagnée d'actes de pénitence, de rythmes respiratoires, de postures corporelles, et conduisant à l'amour divin.

Le Membutsu dans le bouddhisme japonais, la Prière du Cœur dans l'hésychasme, le Japa-Yoga en Inde, le Mantra de l'hindouisme, la contemplation des noms divins de la kabbale, le Dhikr (« remémoration ») islamique, les litanies catholiques, tous peuvent y conduire.

La pratique des techniques conduisant à l'extase ou à l'entase doit être abordée avec prudence, avec une préparation préalable et une réflexion sur le sens de la phrase répétée.

Car, en réalité, la répétition de n'importe quelle formule, alphabétique ou numérique, provoque une modification de la conscience. Le sens de la formule a donc une conséquence sur l'âme et le corps de l'individu, qui peut être conduit à des distorsions psychiques plus ou moins graves. Le système nerveux peut être ainsi altéré de manière irréversible.

La répétition de phrases sans discernement ou sous l'influence de tierces personnes, notamment durant des périodes critiques, peut avoir pour autre conséquence le conditionnement. Le sujet se place sous la coupe de ces tiers, qui ne sont pas toujours animés des meilleures intentions.

Il est souvent préférable, pour le novice, d'utiliser des formules absolument anodines comme « citron vert », ou une simple énumération de chiffres.

Cette formule doit rester secrète, et le fait d'y penser ou de la répéter dans des moments difficiles peut être d'un grand secours.

L'illumination

La pratique de la méditation progressive peut aussi conduire à l'illumination, une révélation vécue à l'intérieur de l'être, comme refonte, reconstruction soudaine, globale et incontrôlable des connaissances qui sont en soi. Elle donne un nouvel éclairage de soi-même, des choses et des événements ; elle offre une nouvelle compréhension, toujours salutaire.

Quand celui qui est libéré des illusions et des impuretés du plan physique atteint cette connaissance transcendante, tout ce qui doit être connu lui devient simple et aisé à comprendre.

Tout s'éclaire pour lui, aussi bien le manifesté que le non-manifesté.

L'énergie vitale

Énergie matérielle et énergie spirituelle

> Quand nous descendons au niveau atomique,
> le monde objectif de l'espace et du temps n'existe plus.
>
> L. DE BROGLIE.

Si la connaissance de certaines notions spirituelles est des plus importantes pour nous, en tant qu'être incarné, il en est une qui prime sur tout le reste, celle qui concerne l'énergie vitale.

Tout ce qui existe en tant que substance et matière n'est qu'une condensation de l'Énergie Cosmique. Du plus inerte au plus animé, la seule chose dont nous ayons besoin, c'est l'énergie.

Elle existe essentiellement sous trois formes :

– l'énergie matérielle ;

– l'énergie spirituelle ;

– l'énergie vitale (ou marginale).

Il s'agit en réalité de trois états de l'Énergie Universelle.

L'*énergie matérielle* ou énergie de la nature est l'infime partie d'énergie spirituelle contenue dans chaque élément manifesté, animé ou non, chacun disposant d'un potentiel limité. Elle se manifeste sous diverses formes : mécanique, électrique, magnétique, tellurique, nucléaire, etc. Celles-ci sont transmutables par l'interaction des éléments entre eux et par des opérations physiques ou chimiques. Par exemple, l'agitation des molécules d'eau par des micro-ondes fait apparaître l'énergie calorique.

L'*énergie vitale* est constituée de l'énergie des êtres vivants, en particulier des humains. Elle peut être émise et dirigée par le désir et la volonté.

De nature spirituelle, elle est plus puissante que l'énergie physique, mais, du fait des efforts – tempérance, contrôle de soi, exercices physiques, etc. – qu'imposent son accumulation et son usage, les hommes préfèrent se retourner vers l'énergie matérielle, avec les conséquences catastrophiques que nous connaissons.

Chaque être vivant dispose d'une quantité d'énergie limitée. Lorsque celle-ci est épuisée, le corps physique s'éteint, exactement comme une lampe qui n'a plus de carburant, et ce, quel que soit son état.

En ce qui concerne l'être humain, la quantité de cette énergie innée est calculée, comme nous l'avons vu plus haut, en fonction des besoins karmiques, et détermine, entre autres choses, le choix du père et de la mère.

L'*énergie spirituelle* est inépuisable, intelligente, éternelle, toute-puissante. Elle s'écoule par des canaux subtils, lorsque ceux-ci sont ouverts, dans les différents corps qu'elle vivifie et qu'elle restaure.

Il existe dans chaque corps, aux intersections de ces innombrables canaux, des centres où l'énergie vitale est transformée, stockée et distribuée dans tout l'organisme.

Les foyers d'énergie vitale

Les foyers d'énergie, ou chakras, sont des capteurs et des accumulateurs d'Énergie Cosmique qu'ils déversent dans les différents corps. En ce qui concerne le corps physique, celle-ci est stockée dans les plexus nerveux. Ils absorbent aussi l'énergie physique que nous pouvons avoir en surplus.

Les chakras sont à la fois des convecteurs d'énergie et des agents de liaison entre la structure physique de l'homme et ses éléments non physiques.

1. **Foyer racine** (Muladhara Chakra) : situé à la base de la colonne vertébrale, son influx s'élève le long de celle-ci, éveillant au passage l'activité des autres foyers.

Il correspond au plexus sacré et au corps physique.

2. **Foyer du soi** (Swadhisthana Chakra) : situé au-dessus de la rate, c'est le récepteur de l'énergie solaire. Il gère le système émotionnel, tant physique que psychique, mental et spirituel.

Il correspond au plexus ombilical et au corps astral.

3. **Foyer des joyaux** (Manipura Chakra) : situé au niveau du plexus solaire, il est associé aux sentiments et aux émotions.

Il correspond au plexus solaire et au corps énergétique.

4. **Foyer de résonance** (Anahatha Chakra) : situé au niveau du cœur, il est en relation avec les qualités affectives de l'individu.

Il correspond au plexus cardiaque et au corps émotionnel.

5. **Foyer de communication** (Vishuddha Chakra) : situé au niveau de la gorge, c'est le centre de la personnalité.

Il correspond au plexus pharyngé et au corps mental.

6. **Foyer de la connaissance** (Ajna Chakra) : situé entre les sourcils, il gère l'activité de la psyché. Il conduit le développement et l'évolution d'une conscience supérieure et des facultés psychiques, notamment la clairvoyance.

Il correspond au plexus brachial et au corps causal.

7. **Foyer du lotus aux mille pétales** (Sahasrara Chakra) : situé au sommet de la tête, c'est le centre de la spiritualité la plus élevée.

Il correspond au plexus cervical et à l'Esprit Pur.

Il existe, en outre, deux autres foyers majeurs, que nous n'étudierons pas ici, qui sont pour l'homme comme une antenne dans le plan spirituel et une prise de terre. Il est alors un lien vivant entre le ciel et la terre, un être religieux, un yogi, par essence. Il participe aux deux mondes.

Les plexus nerveux

Les plexus nerveux sont des réseaux de nerfs réunis entre eux (anastomosés) provenant :

Soit de nerfs du système céphalo-rachidien :

- plexus coronal (Sahasrara) ;
- plexus cervical (Ajna) ;
- plexus brachial (Vishuddha) ;
- plexus lombaire ;
- plexus sacré (Muladhara) ;
- plexus coccygien (Swadhisthana).

Soit du système neurovégétatif (provenant du sympathique ou du parasympathique) :

- plexus cardiaque (Anahatha) ;
- plexus solaire (Manipura) ;
- plexus mésentérique ;
- plexus hypogastrique ;
- plexus honteux.

Les plexus du corps physique ne produisent aucune énergie ; ils ne sont que des accumulateurs qui distribuent l'énergie vitale qui leur est dispensée par le corps énergétique, sous forme d'influx électromagnétiques.

Cette énergie accumulée est limitée ; elle doit donc être économisée, d'une part, et renouvelée, d'autre part.

Chaque être humain dispose à sa naissance d'une quantité d'énergie propre limitée, dosée à partir du potentiel de ses parents et des nécessités karmiques.

Cette énergie propre permet à l'individu de vivre le temps prévu dans les conditions prévues.

Si, par son genre de vie, un individu épuise son énergie dans un laps de temps plus court, il s'éteint, même si son corps est en parfait état.

Fort heureusement, en suivant quelques règles bien connues d'hygiène – psychologique, corporelle et alimentaire – nous pouvons préserver notre capital inné, et même le renforcer pour conserver une bonne vitalité.

En cultivant le calme, en entretenant notre corps par des périodes d'activité et de repos bien dosées, en choisissant des aliments à la fois nutritifs et énergétiques, l'énergie endogène peut permettre de vivre dans d'excellentes conditions jusqu'à transition, s'il n'y a pas de mauvais karma corporel.

Au contraire, l'agitation nerveuse, le travail excessif, l'indolence, une alimentation pauvre en énergie, provoquent l'épuisement de l'énergie propre. Dès la quarantaine, l'organisme ne peut plus faire face aux agressions naturelles ; il entre dans un cycle de malaises récurrents, qui dégénèrent progressivement sous forme de crises plus ou moins graves se succédant jusqu'à ce que la personne succombe.

Il est d'autant plus dommage d'arriver à cette extrémité que l'énergie existe à profusion dans notre environnement. Dans toute la nature physique, dans la terre, dans les plantes, dans l'eau, dans l'air… nous pouvons en trouver à tout moment et partout, il suffit de se servir.

Pour l'absorber en grande quantité et la fixer dans notre organisme, il suffit de le vouloir consciemment.

L'énergie vitale utilisée par l'organisme physique provient aussi directement du corps énergétique qui transforme l'Énergie Cosmique ou Spirituelle.

À chaque plexus du corps physique correspond, sur les corps subtils, un foyer d'énergie, ou chakra. *Chakra* signifie « roue » en sanscrit : les foyers d'énergie sont en perpétuelle rotation, du fait des vibrations générées par l'Énergie Cosmique qu'ils captent par leur centre pour la renvoyer à l'organisme.

Les foyers d'énergie sont aussi les centres de conscience, les voies par lesquelles l'homme physique communique avec les autres éléments de l'être.

CORRESPONDANCE DES CORPS ET DES CHAKRAS					
	Corps	**Chakra**	**Plexus**	**Glandes**	**Facultés**
1	corps cosmique	Sahasrara	coronal (fontanelle)	hypothalamus pinéale	– intuition pure – connaissance des vérités universelles – foi, amour
2	corps spirituel	Ajna	caverneux (entre les deux sourcils)	pituitaire	– clairaudience – clairvoyance
3	corps mental	Vishuddha	pharyngé (cou)	thyroïde et parathyroïde	– autorité – commandement – pouvoirs psy
4	corps émotionnel	Anahatha	cardiaque (poitrine)	thymus	
5	corps énergétique	Manipura	solaire	pancréas	magnétisme
6	corps astral	Swadhisthana	ombilical (pelvis)	surrénales	
7	corps physique	Muladhara et Kundalini	sacré (périnée)	gonades	énergie vitale (doit être réveillée)

Les facultés transcendantes de l'esprit

Facultés spirituelles et pouvoirs psychiques

> Vivre intuitivement,
> c'est vivre dans la quatrième dimension.
>
> C. BRAGDON.

L'esprit qui réside en chacun de nous est une partie intégrante de l'Esprit de l'Univers, la source de la vie. Il est intelligence universelle, science infinie, énergie inépuisable, pouvoir sans borne. Lorsque nous entrons en contact avec l'esprit qui est en nous, l'énergie spirituelle se déverse automatiquement dans tout notre être.

Dès que les énergies êtriques augmentent, en quantité et en vibrations, tous les corps acquièrent plus de vigueur, leurs facultés sensorielles, ordinaires et subtiles, s'amplifient, et, par suite, les connaissances s'accroissent considérablement.

Au fur et à mesure que l'individu progresse spirituellement, les facultés de son être profond croissent et rayonnent à l'extérieur.

Ces pouvoirs accrus ne doivent pas être utilisés exclusivement dans des buts égoïstes, mais pour aider et servir l'humanité, le cosmos tout entier.

Il s'agit d'une loi cosmique qui ne peut être transgressée sans dommage.

Les facultés spirituelles

Beaucoup de gens éprouvent une certaine crainte envers ceux qui sont réputés posséder des pouvoirs que n'a pas le commun des mortels.

Cette inquiétude peut paraître fondée lorsque l'on considère les abus dont certains peuvent se rendre coupables ; mais, le plus souvent, il s'agit de superstitions faites pour dissuader ceux qui auraient tendance à rechercher les pouvoirs à des fins égoïstes, par esprit de lucre, de domination. Les personnes qui font cela n'ont aucun pouvoir sur les êtres sains et sincères. De plus, ils causent eux-mêmes leur perte. Il n'y a aucune inquiétude à avoir.

Parmi les gens de bonne volonté, certains en revanche s'attachent aux exercices psychiques au point que ceux-ci ont alors tendance à devenir leur seul centre d'intérêt et finissent par les couper du monde.

Il n'en est pas moins vrai que certains exercices permettant de développer les pouvoirs psychiques ne sont pas dangereux ; il arrive même fréquemment que, les uns ou les autres, en nous livrant à nos activités les plus anodines, nous pratiquons sans le savoir ces exercices dits psychiques.

En effet, il suffit de se concentrer sur un centre d'énergie pour augmenter l'activité de celle-ci (se concentrer sur quelque chose consiste à y penser tranquillement sans se laisser distraire).

Qui de nous n'a pas quelque habitude, quelque tic, comme celui de se gratter l'oreille, de croiser les jambes, les bras ou les mains… Des gestes des plus banals ont, sur les corps physique et subtil, comme sur toute notre existence, des effets qui ne sont pas toujours désirables.

Par exemple, le fait de croiser les jambes, les cuisses serrées, crée un « nœud » au niveau du corps mental subconscient, ce qui ferme les circuits d'échange avec le Cosmique et provoque le monoïdéisme.

De même, l'habitude de fixer une source lumineuse conduit à la clairvoyance. Si des personnes comme Bernadette Soubirous ont pu voir la Vierge Marie, ceux qui font cela avec des préoccupations négatives, du fait de leur tempérament ou de problèmes personnels, peuvent avoir des expériences extrêmement traumatisantes.

De même, un objet porté en permanence ou même momentanément sur le corps – médaille, chaîne, bracelet, par exemple – peut provoquer des effets analogues à ceux obtenus par la concentration sur le plexus ou le chakra le plus proche. Surtout s'il est constitué de métaux magnétisés comme le fer, ou conducteurs d'électricité comme le cuivre, ou encore transmetteurs d'ondes comme le cristal de roche ou plus généralement les pierres précieuses ou fines.

Un simple cylindre de cuivre, d'un centimètre de circonférence sur sept de longueur, posé en antenne sur certains points du corps, peut permettre de voir sans les yeux, ou autre « prouesse ».

Il vaut donc mieux savoir que le fait de se concentrer – d'y penser tranquillement – sur un des centres vitaux l'active et produit progressivement l'éveil de la faculté correspondante.

Rappelons que le progrès spirituel éveille toutes les facultés à la fois. Il convient donc de tenir compte du déséquilibre que l'on peut provoquer avec des risques pour la santé mentale et nerveuse. En particulier si les motivations ne sont pas positives.

Le discernement

L'homme véritable, intérieur, profond, est pure conscience. Cependant, à cause de son implication sur le plan terrestre, son jugement est affecté par l'imperfection du cerveau et des sens, ainsi que par ses émotions et ses sentiments. Le monde dans lequel nous vivons n'est, dans la pratique, qu'une projection de ce que nous portons en nous, notre monde intérieur. Par exemple, il y a des personnes dont toute l'existence est basée sur une activité (la musique classique, la colombophilie, etc.), alors que d'autres ne savent même pas que celle-ci existe. Pour celui qui comprend que seul l'esprit est réel, la conception erronée qu'il a du monde et de lui-même cesse. Il sait qu'il peut entrer en lui à n'importe quel moment et vivre sur le plan de l'Universel. Toutefois, entre deux périodes de communion parfaite entre l'esprit et la conscience, la mémoire ordinaire perpétue par la force de l'habitude les impressions ordinaires de la vie. Cette expérience n'est qu'imparfaitement communicable.

La connaissance extrasensorielle

Les caractéristiques, les propriétés, les transformations et façons d'être, passées, présentes ou futures, demeurent à jamais. Par la concentration sur ce triple aspect (passé, présent et futur) d'un objet ou d'un sujet, c'est-à-dire en s'unissant mentalement à cet objet ou ce sujet, on obtient la connaissance des événements du passé et de l'avenir en relation avec lui.

La voyance et l'intuition

Tout le savoir, toute l'expérience de l'humanité tout entière sont contenus dans l'individu. L'intuition, c'est la raison à la puissance infinie. En se concentrant sur le sommet de la tête, on parvient à voir les êtres supérieurs (êtres divins) ou, par intuition, à connaître toute chose. La concentration dans le cœur permet la compréhension de l'esprit.

La connaissance de soi

Bien que l'esprit intérieur et l'homme extérieur n'aient rien de commun, l'expérience montre qu'on ne peut les dissocier, parce qu'ils existent chacun au bénéfice de l'autre. Par la concentration sur son âme – distincte de l'expérience, détachée de toute chose matérielle et dissociée de l'entendement –, on parvient à la connaissance du Soi.

De cette concentration découle la perspicacité, une ouïe, un toucher, une vue, un goût et un odorat supérieurs. Celui qui pratique cet exercice obtient et garde en lui constamment la connaissance relative à toutes les choses.

Le contrôle des sens

Par la concentration sur un organe des sens, on peut faire cesser, ralentir ou accélérer la fonction de celui-ci, aussi bien en soi-même qu'en un autre. Le contrôle des sens est obtenu par la concentration sur leur fonction, leur caractère, leurs connexions et leurs utilités.

Le contrôle du corps physique

Par la concentration sur le creux de la gorge, on obtient la cessation de la faim et de la soif. En se concentrant sur le centre nerveux situé en dessous du creux de la gorge, on empêche les mouvements du corps, sans résistance des muscles.

La perfection corporelle

L'excellence du corps consiste dans la forme correcte, la beauté, la force et la parfaite harmonie de ces parties.

Le rajeunissement

La concentration sur la rate provoque le rajeunissement du corps physique.

La connaissance de tout ce qui existe

En se concentrant sur des objets ou des sujets subtils, cachés, infiniment petits ou lointains, quelle que soit leur nature, on obtient la connaissance de tout ce qui les concerne. L'information obtenue dépend du but que l'on se fixe.

La distinction des sons

Il existe, dans le mental de ceux qui ne le contrôlent pas, une confusion de sons, de mots et d'images. En se concentrant sur la différence qui existe entre eux, on parvient à la compréhension de tous les sons produits par toutes les créatures, quelles qu'elles soient.

La clairaudience

En se concentrant sur les rapports de l'oreille et de l'espace, on parvient à entendre tous les sons, du plan physique comme du plan spirituel, proches ou lointains. On peut obtenir le même résultat en se concentrant sur les bruits entendus lorsqu'on obstrue le conduit de son oreille en repliant le tragus (le petit triangle plat qui se trouve à l'avant de l'oreille). Les sons entendus alors concernent le monde extérieur du corps, alors que ceux que l'on entend en reliant le lobe sont les bruits du corps.

La connaissance du corps humain

En se concentrant sur le nombril, on perçoit l'agencement du corps.

La connaissance intime d'une autre personne

En se concentrant sur une tierce personne, on obtient la connaissance du contenu du mental de cette personne. Les informations ainsi obtenues dépendent du but fixé au départ de l'expérience.

L'identification

Lorsqu'on parvient au détachement, et grâce à la connaissance de la technique, on peut entrer en esprit dans le corps de n'importe qui, et en prendre le contrôle.

Cela est possible parce que l'esprit n'est pas le produit du corps, mais une entité autre qui l'habite durant l'incarnation.

Le dédoublement conscient

Du contrôle des sens découlent la vivacité de l'esprit, la faculté de ressentir sans les organes des sens, de contrôler la matière, de se déplacer dans le temps et l'espace à la vitesse de la pensée, d'agir au-delà des limites ordinaires, de changer la forme des objets.

La connaissance de l'espace

De la concentration sur le soleil vient la connaissance des régions inhabitées sur Terre et en dehors de la Terre.

Du pouvoir sur les éléments viennent plusieurs facultés transcendantes, et ce, sans limites de temps :

– identification à l'infiniment petit (microcosme) comme à l'infiniment grand (macrocosme) ;
– allégement du corps à volonté ;
– extension de son corps ou de parties de son corps ;
– domination irrésistible sur les êtres ordinaires ;
– obtenir un corps physique parfait ;
– acquérir l'absence de résistance des éléments physiques.

Acquisition des capacités de la nature

Par la concentration sur les éléments, sur les animaux, ou sur les hommes, on parvient à manifester en soi la ou les facultés recherchées.

La transcendance individuelle

Celui qui atteint la connaissance de la nature humaine, différente de l'esprit et de la matière, maîtrise tous les domaines de l'existence et peut tout savoir sur tout.

Connaissance des vies antérieures

La connaissance des vies vécues antérieurement survient lorsqu'on maintient dans son mental le train des pensées autoreproductrices et qu'on se concentre sur celles-ci.

La lévitation

En se concentrant sur les rapports entre son corps physique, l'éther, et la légèreté du coton, on parvient à flotter dans l'espace en se libérant des lois de la gravitation.

Se rendre invisible

Par la concentration sur un corps, en particulier le corps humain, le sien ou celui d'un autre, on fait disparaître ce corps de la vue des autres. Cela est obtenu par le contrôle de la luminosité du corps, dont dépend la perceptibilité par le spectateur.

Connaître l'heure de sa mort

Par la concentration sur le karma qui résulte des incarnations passées et qui affecte la vie actuelle, d'une part, et sur celui qui commence dans la vie actuelle, en analysant les signes ou les présages, d'autre part, on parvient à la connaissance de son devenir et notamment de l'heure de sa mort.

La réintégration divine

> J'ai atteint le non-né.
> Ma libération est irréversible.
> C'est ma dernière naissance.
>
> BOUDDHA.

Quelle que soit la conscience que nous pouvons en avoir, nous vivons déjà, tous autant que nous sommes, dans l'éternel, le spirituel.

L'être réel, l'esprit individuel, ne naît pas. Il est simplement emprisonné dans la matière à chaque réincarnation, et ce, jusqu'à ce qu'il éprouve l'envie d'en sortir et de retrouver son état primordial, indifférencié, au sein de l'Universel.

Un état de félicité, d'amour, de joie infinis, que l'on ne peut concevoir pleinement en étant dans la matière.

Telle est la finalité de l'existence humaine. Nous pouvons néanmoins en percevoir l'éclat et en faire l'expérience plus ou moins brièvement.

L’art de la guérison

La cause des maladies

S’il est vrai qu’il existe sur terre une infinité d’éléments pathogènes et de risques naturels ou artificiels pouvant porter atteinte à l’intégrité de la machine humaine, ce ne sont que des agents du karma. Et, en premier lieu, celui qui se manifeste immédiatement.

Même si cela peut paraître impossible, c’est quand même la réalité, et c’est la raison pour laquelle les maladies et les accidents sont si nombreux et progressent plus vite que la médecine.

Certains pensent que c’est dommage, que c’est une façon pessimiste, fataliste de considérer l’existence, mais il est préférable de rester réaliste. Bien entendu, cet état des choses ne signifie pas qu’il faille refuser l’aide de la médecine, au contraire, c’est la première chose à faire. Elle répare ou corrige, sans délai, tout ce qui peut l’être, par toutes les techniques connues.

Par contre, il convient de s’interroger pour savoir si quelque chose dans notre attitude, dans notre état d’esprit, ne peut pas être la cause primaire du mal que nous avons à déplorer. Si c’est le cas, il faut obligatoirement changer si nous voulons que le mal ne revienne pas – parfois, sous une autre forme ou dans un autre organe – et surtout qu’il n’empire pas. Si la cause fondamentale est un karma formé dans des existences antérieurs, il peut être utile de le rechercher par une lecture de vie. Cependant, tout le monde ne peut pas aborder cette expérience sans dommages. Le remède peut s’avérer pire que le mal si l’on se contente de chercher une simple justification, sans prendre les disposition appropriées. Des individus faibles se contentent souvent de s’accrocher au passé, et, en fait, régressent.

CHAKRAS, PLEXUS, GLANDES ET PROBLÈMES				
	Chakra	**Plexus**	**Glandes**	**Organes**
1	Sahasrara	coronal (fontanelle)	hypothalamus pinéale	utérus, glandes mammaires, tubes rénaux, cortex surrénal, lobe antérieur de l'hypophyse, tissus en général, thyroïde
2	Ajna	caverneux (entre les deux sourcils)	pituitaire	squelette
3	Vishuddha	pharyngé (cou)	thyroïde et parathyroïde	– tissus en général, os – croissance, métabolisme – équilibre nerveux – contrôle des muscles
4	Anahatha	cardiaque (poitrine)	thymus	– croissance – système immunitaire
5	Manipura	solaire	pancréas	– effet général – muscles, tissus adipeux – foie, digestion
6	Swadhisthana	ombilical (pelvis)	surrénales	– action générale – rein, foie, tissus adipeux – muscles lisses – muscle cardiaque
7	Muladhara et Kundalini	sacré (périnée)	gonades	système reproducteur

Fonctions	Problèmes	Attitudes mentales et maladies
	doute, dogmatisme	
– sommeil – forces sexuelles – croissance	– manque de logique, idées fausses, – immoralité, toxicomanie – sensibilité au conditionnement	– jugements négatifs, critiques – os – rhumatismes, etc.
– croissance – peau, cheveux, glandes – muqueuses, nerfs, cerveau – métabolisme du calcium et des sels calcaires – équilibre nerveux – contrôle des muscles	– épilepsie – sentiment de culpabilité – besoin d'être dominé – tabagisme	– entêtement, manque d'écoute – oreilles/bouche
– neutralise les fonctions sexuelles – action sur les ovaires et les testicules	– sentiment d'insécurité – homosexualité, inconséquence – manque de confiance en soi – hyperactivité physique	– jugements négatifs – peau/organes génitaux
– respiration – battements du cœur	– soucis, alcoolisme – agitation – dispersion, instabilité	– colère, soupçons, peur, attente du pire – vie dans le passé et dans le futur – yeux/anus
– accélération de la sexualité – cellules sexuelles – énergie musculaire – muscle du système circulatoire et digestif	– obsession – planification excessive – alcoolisme, toxicomanie	– insatisfaction des aspirations – tristesse – anémie – langue/mains
ossification	– déséquilibre du système sympathique – constipation	nez/pieds

Le devoir d'aider

> Ne demande pas pour qui sonne le glas,
> il sonne aussi pour toi.
>
> L'ECCLÉSIASTE.

Ce que nous recevons de l'esprit infini doit être transmis aux autres, à chacun selon ce qu'il attend.

On ne peut aider ni secourir une personne malgré elle, car c'est la condamner de manière certaine à un mal pire.

Nous ne pouvons aider quelqu'un à guérir qu'en nous guérissant nous-même de la maladie, en voyant cet état se dissoudre et retourner à son néant originel.

Il existe plusieurs niveaux dans l'aide que l'on peut apporter aux autres, qui dépendent de celui que l'on a soi-même atteint.

Dans un premier temps, celui qui est encore très impliqué dans la matière est très touché émotionnellement par le mal physique, et éprouve le désir d'aider ceux qui souffrent. Mais, lorsqu'elle est parvenue à un certain niveau d'évolution spirituelle, l'entité sait à quoi s'en tenir, et son aide consiste à guider ceux qui commencent à prendre conscience du sens de la vie.

L'imposition des mains

« Pose ta main sur la douleur et dit que la douleur s'en aille. » Telles étaient les instructions données par un papyrus découvert dans les ruines de Thèbes, en Égypte.

De nombreuses fresques montrent d'ailleurs que, dans l'Antiquité, l'imposition des mains était très employée.

Homère dit, dans l'Iliade, que certains hommes ont la « main médicale ». Pline l'Ancien, dans son *Histoire Naturelle*, évoque des guérisons par imposition des mains. Anaxagore, Aristote en parlent dans leurs écrits. Jésus de Nazareth et ses nombreux disciples imposaient les mains sur les malades, de même qu'Apollonius de Tyane, Simon le Magicien, les empereurs romains Vespasien et Adrien, et tous les rois de France depuis Clovis jusqu'à Louis XV.

Cependant, c'est le docteur Franz Anton Mesmer qui, le premier, au XVIIIe siècle, a étudié et vérifié scientifiquement les théories et les effets du magnétisme humain. De nombreux expérimentateurs des plus sérieux ont depuis lors poursuivi les investigations. Entre autres, le marquis de Puiségur, le naturaliste Deleuze, le passionné des sciences qu'était le baron du Potet, Charles-Léonard Lafontaine, les docteurs Henry, Hector et Gaston Durville, le docteur Moutin, Paul-Clément Jagot, etc.

L'imposition des mains est plus connue aujourd'hui sous le nom de magnétisme curatif.

Le docteur Moilin, par exemple, conclut de ses recherches personnelles que les guérisons opérées s'expliquent par l'action directe que le fluide magnétique exerce sur les cellules. Expériences à l'appui, il prouve que le fluide magnétique fortifie et même régénère les cellules de n'importe quel organe.

Le docteur Hector Durville écrit : « Le magnétisme est une projection de vie. Sous l'influence de notre volonté, il quitte nos plexus nerveux et s'irradie, il atteint les centres nerveux du malade. Ceux-ci, stimulés par l'excitation, reprennent la lutte avec un élan nouveau. Les éliminations deviennent plus actives, les luttes intenses redoublent d'ardeur. Les leucocytes – gendarmes de l'organisme – stimulés reprennent la lutte contre les éléments envahisseurs microbiens et triomphent. Ils triomphent d'autant mieux qu'ils ont été galvanisés plus puissamment par le souffle de vie du magnétiseur. »

La magnétisation permet la saturation d'énergie vitale d'un organisme qui en a besoin pour compenser des pertes dues à la fatigue, à l'épuisement, ou à une lutte intensive contre la maladie.

Elle apporte donc à l'organisme des forces immédiatement utilisables. Elle le stimule et lui permet de continuer à soutenir, sous l'égide du système sympathique, la lutte intérieure.

De plus, la magnétisation régularise les phases de cette lutte, en modère les crises (douleur atténuée), et en réduit également les séquelles.

En améliorant le terrain organique, en régularisant l'ensemble des fonctions, en tonifiant tout l'organisme, le magnétisme est une aide précieuse et sûre, dans tous les cas, qu'ils soient bénins ou graves. Il n'est en outre à déplorer aucun effet négatif.

Le docteur Moilin met en évidence le fait que les thérapeutiques magnétiques conviennent parfaitement au traitement direct et naturel (donc inoffensif) des maladies contractées par les cellules. Et, le docteur L. Moutin se range à l'avis du docteur Moilin en écrivant dans son ouvrage *Le Magnétisme humain* : « Il n'est pas nécessaire d'être médecin, d'avoir fait de longues études, pour soulager son semblable… Il n'y a qu'à employer les moyens que nous indiquons. »

Le magnétisme a un effet bénéfique dans la majorité des cas.

La guérison spirituelle

Il existe, depuis toujours, des méthodes d'entraînement pour que ceux qui veulent aider l'humanité puissent acquérir la qualification indispensable.

Aussi simple ou modeste que nous soyons, notre prière personnelle peut réellement changer les circonstances, sauver des hommes et accomplir des miracles, parce que c'est Dieu qui agit à travers nous et non pas notre petite personne. Et pour Dieu, rien n'est impossible.

Pour cette raison, il faut partir confiant et gagnant.

Lorsqu'on considère la vie du point de vue spirituel, elle apparaît comme un jeu qui consiste, pour l'esprit individuel, à réinventer la vie, à créer un fantasme.

Le fait que nous soyons des milliards à vivre dans les mêmes conditions signifie seulement que nous partageons, peu ou prou, le même fantasme.

Ce qui importe est de se prendre au jeu, de s'attacher à cette vie que nous créons, même au prix de la souffrance.

Sur le plan métaphysique, la maladie ne concerne pas seulement les atteintes du corps physique et du psychisme. Être malade, c'est être en dehors de l'ordre cosmique, ne plus être en phase avec le Cosmique.

Le désordre qui s'ensuit peut être aussi bien physiologique que mental, conjugal, professionnel. En fait, quelle que soit son origine, un problème non résolu finit toujours par avoir des répercussions sur tous les domaines de l'existence.

Lorsqu'une personne dit : « Je suis malade » ou « J'ai un problème », il est impossible d'en savoir l'origine exacte par la seule conscience qu'en a le « malade ». Et c'est tout à fait inutile.

La seule chose à faire consiste à la remettre dans l'ordre cosmique. De la confier au Cosmique.

Voilà comment il faut procéder :

– penser à la personne que l'on traite (ce peut être soi-même) ;
– penser au Cosmique ;
– se détendre et laisser le Cosmique agir à travers soi.

Comment purifier l'aura

Au cours de l'existence terrestre, l'âme – le corps astral – est rapidement polluée par les scories de ce monde. Il faut débarrasser le corps astral de ces impuretés. Le bain d'eau froide est un moyen efficace.

Attention : cette technique est exclusivement réservée aux personnes qui ne souffrent pas d'affections cardiaques. En cas de doute, abstenez-vous.

L'opération doit être effectuée par une tierce personne, très rapidement, à proximité d'une douche ouverte :

– faire couler la douche ;
– se mettre à proximité du jet ;
– suspendre sa respiration, et s'asperger de l'eau additionnée d'alcali en gardant sa respiration bloquée ;
– se rincer immédiatement sous la douche.

La sensation de légèreté qui s'ensuit est fantastique. Le corps astral est instantanément allégé. Cela n'a bien entendu aucune incidence sur la poursuite d'un karma négatif.

De même, la fumée de l'encens augmente les vibrations du corps astral.

Hygiène et karma

> Souhaitons que l'esprit soit sain dans un corps sain.
>
> JUVÉNAL.

Les différents corps se nourrissent par résonance. Il y a une répercussion en chaîne par l'intermédiaire des chakras.

Si le corps physique reçoit une nourriture saine, le corps énergétique sera vigoureux, les émotions légères, et les pensées plus positives.

Si le corps énergétique est nourri et activé par des exercices spécifiques, le corps physique sera plus robuste, la personne moins émotive, moins dépendante de l'environnement, plus constructive et plus enthousiaste.

Si le corps émotionnel est préservé des émotions intempestives, négatives mais aussi positives, la personne évite les périodes de dépression (les hauts et les bas), l'énergie est plus forte et constante, le physique plus détendu et plus sain.

Si les pensées positives, les émotions et les désirs se purifient, l'énergie est déchargée du marasme desséchant et le physique plus tonique.

Il importe donc d'adopter de bonnes habitudes en ce qui concerne la respiration, l'alimentation, l'exercice physique.

Le fait de se laisser aller à des coups de cœur peut être très plaisant sur le moment. Mais, lorsque les conséquences de mauvaises pratiques apparaissent, il ne reste plus que les problèmes et la souffrance. On se « souvient » d'avoir eu du plaisir, mais on ne peut plus alors le rappeler.

Le fait de se sentir bien avec un bon tonus physique et psychique est un plaisir inestimable.

De plus, on en récoltera les fruits dans les vies futures.

La respiration

Principes généraux

La respiration n'a pas uniquement pour but d'apporter à l'organisme l'oxygène nécessaire et de le débarrasser de ses impuretés. C'est aussi un moyen d'absorber l'énergie vitale qui se trouve dans le milieu ambiant, et que la respiration ordinaire ne permet pas d'absorber. Pour la majorité d'entre nous, la respiration est notoirement incomplète. Les poumons sont insuffisamment vidés. Il y demeure en permanence des déchets de la désassimilation (gaz carbonique), ainsi que d'éventuelles substances toxiques en suspension dans l'air des grandes villes. L'expiration complète est indispensable pour débarrasser l'organisme de ces déchets.

A contrario, l'inspiration profonde permet une plus grande oxygénation des cellules. Mais ce n'est pas sa seule fonction. Lorsque les alvéoles des poumons sont distendues, non seulement il y a une hyperoxigénation qui produit une légère sensation d'euphorie, mais encore l'énergie vitale contenue dans l'air passe directement dans l'organisme, qu'elle vivifie de manière notable.

Exercices de respiration

Si vous avez des problèmes cardiaques ou pulmonaires, ne faites pas ses exercices. De même, si vous ressentez la moindre gène lorsque vous vous livrez à la respiration, allez consulter un médecin au plus tôt.

La restauration respiratoire

Commencez par vider entièrement vos poumons, puis laissez-les se remplir naturellement sans aspirer l'air. Vous ne devez pas entendre de bruit de succion, il suffit simplement d'ouvrir la poitrine.

Lorsque les poumons sont totalement remplis, gardez l'air, le plus longtemps possible, avant d'inspirer lentement.

Surtout, ne forcez pas. Contentez-vous d'une dizaine de secondes au début, et n'augmentez pas de plus d'une ou deux secondes chaque semaine.

Exécutez cet exercice sept fois par jour environ, le matin, si possible au réveil. Jamais l'après-midi.

Cet exercice complet a un puissant pouvoir régénérateur sur le système nerveux et le corps énergétique.

La respiration cosmique

Allongez-vous à plat sur le dos, bras et jambes légèrement écartés, ou bien asseyez-vous à l'égyptienne, en tailleur ou en lotus, la tête et le dos bien droits.

Les yeux fermés, inspirez lentement en imaginant que l'air pénètre dans votre corps sous la forme d'une fumée bleue par le périnée (entre l'anus et le sexe) et monte lentement le long de la colonne vertébrale (en son centre) jusqu'au sommet de la tête. Puis expirez lentement en imaginant l'air qui ressort, toujours sous la forme d'une fumée bleue, par le sommet de la tête pour se répandre autour du corps physique.

La respiration vitalisante

Allongé ou debout, posez les mains bien à plat de chaque côté du bas-ventre (elles ne doivent pas se toucher). Inspirez doucement et profondément en conduisant l'air jusqu'au bas du ventre qui se gonfle. Retenez votre respiration aussi longtemps que possible sans forcer. Puis, expirez lentement. Faites cela sept fois chaque jour.

La respiration tous chakras

Il s'agit d'une variante de l'exercice précédent. Elle demande que l'on ait au préalable repéré l'emplacement de chaque chakra le long de la colonne vertébrale et dans la tête.

Procédez de la même manière que précédemment, mais inspirez en sept paliers, en s'arrêtant sur chacun des chakras. Rejetez l'air par le sommet de la tête.

La respiration par un chakra

C'est une variante de l'exercice précédent. Inspirez l'air par le périnée, et dirigez-le directement sur le chakra choisi en fonction du résultat recherché.

La respiration énergétique

Debout, assis ou couché, inspirez lentement et profondément en pensant : « J'absorbe l'énergie qui se trouve dans l'air ambiant. »

Retenez votre respiration en pensant : « Je fixe en moi cette énergie qui m'appartient désormais. »

Expirez doucement en pensant : « Je rejette les produits de la désassimilation. »

Faites cela 10 à 20 fois chaque jour.

L'hygiène de vie

L'alimentation saine

Les déchets qui résultent de la digestion des aliments ainsi que de la dégradation des cellules et des tissus sont normalement éliminés par les organes appropriés.

Lorsqu'on constate que le corps physique est en mauvais état, il importe de faire tout ce qui est nécessaire pour rétablir l'équilibre et le bon fonctionnement des organes.

En premier lieu, il est indispensable de procéder à un grand nettoyage de l'organisme.

On dit que l'homme est omnivore, et il est vrai que, lorsqu'on considère l'alimentation des hommes sur la planète, on constate une diversité inimaginable. Il est pratiquement impossible de décréter de manière incontestable que l'homme est végétarien ou carnivore.

Ce qui est sûr, cependant, c'est que la nourriture doit être énergétique, reconstituante, non toxique, et qu'elle doit contenir le minimum de déchets.

En ce qui concerne la valeur énergétique d'un aliment, il importe de tenir compte de celle qu'il nécessite pour être digéré.

Une bonne nutrition doit tenir compte de règles essentielles : la variété et la modération.

Cependant, les différents systèmes alimentaires ont trop tendance à insister sur la diversité des nutriments. Au point que la plupart des repas dans les pays riches deviennent de véritable orgies.

L'organisme est parfaitement capable de synthétiser la plupart des nutriments. D'ailleurs, aucune des substances que nous ingérons ne parvient telle que nous la connaissons à l'organisme. Elles subissent toutes d'importantes transformations chimiques.

La multiplication des aliments, des plats, pousse à trop manger. Mais cette mauvaise habitude est amplifiée par le fait que la plupart des aliments qui ont notre préférence ne sont pas suffisamment énergétiques.

L'être humain en bonne santé possède un potentiel énergétique que l'on peut fixer aux alentours de 6 200 à 6 800 Å (Å = angstrœm).

Les aliments dont la valeur énergétique se situe au-dessus de 6 800 Å sont dynamisants. En dessous de 6 200 Å, ils abaissent la vitalité. Il vaut mieux les éviter.

Dans le choix des aliments, il faut encore tenir compte des objectifs que l'on poursuit ou de ses activités habituelles.

Les personnes en bonne santé et qui mènent une vie paisible ont le plus grand intérêt à privilégier les aliments entre 6 200 et 12 000 Å.

Les aliments suivants sont vitalisants, ils facilitent l'activité, l'ambition, la passion, l'esprit d'entreprise. Mais ils favorisent aussi la dispersion mentale, l'agressivité… Les personnes nerveuses, agitées, ont intérêt à les éviter ou à n'en user que très modérément :

Épices	15 000 Å
Chocolat	14 000 Å
Thé	13 000 Å
Herbes fortes	12 500 Å

Les aliments suivant facilitent la clarté du mental, le calme, la légèreté, la sérénité, l'équilibre, la paix, l'harmonie, le contentement, la lucidité… :

Fruits frais	12 000 Å
Miel	12 000 Å
Graines germées	12 000 Å
Céréales	12 000 Å
Lait	12 000 Å
Œuf	12 000 Å
Poisson	10 000 Å
Café	10 000 Å
Sel	10 000 Å
Fruits séchés	10 000 Å
Jus de fruits	9 000 Å
Légumineuses	9 000 Å
Tisanes	9 000 Å
Arachides	9 000 Å
Fromage	9 000 Å
Beurre	9 000 Å
Pain complet	8 000 Å
Légumes frais	8 000 Å
Eau	7 000 Å
Bière	6 500 Å

Les aliments suivants engourdissent le corps et le mental, ils rendent inerte, apathique, paresseux, léthargique… Les personnes qui les privilégient sont forcées de compenser la qualité énergétique par la quantité, les médicaments et les drogues. Cependant, ils finissent toujours par tomber malade.

Caviar	6 000 Å
Ail	5 000 Å
Truffe	5 000 Å
Vin	4 500 Å
Viande	4 000 Å
Vinaigre	3 000 Å
Foie gras	3 000 Å
Oignons	3 000 Å
Cidre	3 000 Å
Aliments fermentés	2 500 Å
Drogues	2 000 Å
Tabac	2 000 Å
Substances trop mûres, rances, rassises, pourries	3 000 Å

Les valeurs indiquées ici sont, bien entendu, des moyennes. Elles concernent des produits de bonne qualité obtenue dans les meilleures conditions (culture biologique, fruits et légumes cueillis à maturité, etc.).

Les exercices physiques

L'exercice physique est indispensable. Là encore, il faut tenir compte de ses besoins quotidiens. La gymnastique, la natation, ou une autre activité sportive, doivent nous permettre d'affronter la vie quotidienne sans fatigue, de nous sentir « en forme ».

Il est formellement déconseillé de se livrer à une activité trop intense. On ne fait alors qu'user des réserves qui manqueront plus tard, dans cette existence ou dans de prochaines incarnations. C'est le cas de certains grands sportifs que l'on présente à tort comme des modèles à la jeunesse.

Une dizaine de minutes par jour – vingt minutes, c'est encore mieux – de gymnastique, de jogging, ou autre, suffit chez une personne normale. En cas de coup dur, l'organisme saura trouver d'autres ressources.

Le yoga

Le mot *yoga* signifie « lier », « atteler », « mettre le joug ». C'est le fait de joindre l'homme à Dieu. Il s'agit d'un mode de progression spirituelle.

Du fait de l'évolution spirituelle de chaque homme, il existe plusieurs voies qui conduisent à cette union. Par exemple :

– Hatha-Yoga, voie de la force corporelle et de son contrôle ;

– Karma-Yoga, voie de l'action juste ;

– Bakhti-Yoga, voie de la dévotion ;

– Gnani-Yoga, voie de la connaissance ;

– Rajah-Yoga, voie de la maîtrise complète de l'esprit ;

– Kundalini-Yoga, voie du développement des plus hautes facultés…

Le Sankhya-Yoga est la voie de l'approfondissement du moi spirituel distinct du corps de matière. Il a pour effet d'amener l'être spirituel au Bakhti-Yoga, où il peut s'engager dans les activités spirituelles qui lui sont propres. Le Japa-Yoga est une des voies qui conduisent à la réalisation du Soi. Le mot *Japa* signifie « répétition ». Il consiste principalement en la répétition d'un nom sacré ou d'une formule mentale (Mantra). Il est basé sur le fait que la répétition rappelle l'être ou la notion désignée, mais aussi éveille en soi les qualités de l'entité désignée. Le but du Japa-Yoga est de se souvenir de l'objectif que l'on poursuit et de parvenir à s'unir à lui :

1. Le mental est débarrassé de toute idée parasite.

2. L'énergie spirituelle (Shakti) s'éveille et amplifie notre évolution, ainsi que notre pouvoir de diriger celle-ci.

3. L'énergie spirituelle coordonne toutes les énergies de l'être en une seule.

Cela ne se fait que par un effort régulier et constant.

L'aide secrète

Les « travailleurs invisibles »

Dans les circonstances difficiles de la vie, même des personnes non croyantes font spontanément appel à Dieu ou à d'autres entités – saints, génies, etc. – pour les protéger ou les sortir d'une situation qui leur paraît insurmontable.

Certains se mettent à genoux et prient, d'autres se rendent dans différents sanctuaires réputés, d'autres encore se soumettent à des rites plus ou moins complexes.

Que l'on y croit ou non, il est avéré que, à la suite de cette « prière », certains problèmes se trouvent soudainement améliorés, voire résolus, dans les jours qui suivent.

Cela se passe le plus souvent de manière tout à fait ordinaire, si bien qu'il est naturel de penser qu'il s'agit de l'évolution normale d'un état ou d'une situation. Cependant une analyse plus poussée permet de s'apercevoir que ce n'est pas toujours le cas.

Si, individuellement, cela peut paraître fortuit, le professionnel – ontologue, métaphysicien, mage, prêtre – peut constater que des états ou des situations qui n'avaient cessé d'empirer depuis des années (cinq, dix, voire vingt ans) s'améliorent à un point significatif dans les semaines qui suivent un « traitement », qu'il s'est passé « quelque chose ». Même si l'explication qu'il donne alors est non scientifique.

Cette conviction est d'autant plus compréhensible lorsque les choses se passent de manière extraordinaire, totalement inattendue : changement instantané, changement immédiat dans l'attitude d'un tiers ou d'une administration, intervention providentielle d'une personne non concernée, voire totalement inconnue, etc.

Comment obtenir l'aide des esprits

L'invocation est le fait de lancer un appel à une entité, Dieu, un génie, l'âme d'un mort, etc.

Cela peut se faire dans des circonstances difficiles, cependant, il est beaucoup plus judicieux, avant d'entreprendre toute action, même la plus insignifiante, de demander l'assistance de l'entité qui est réputée connaître le mieux le sujet qui nous intéresse. Cette attitude permet d'éviter bien des déconvenues.

On peut s'adresser à n'importe quelle entité ou divinité, selon ses croyances ou son expérience personnelle. En effet, chacun de nous a pu un jour ou l'autre remarquer que, en invoquant tel ou tel saint ou génie, il se passait réellement quelque chose.

On peut aussi invoquer des personnalités vivantes ou disparues, dont les talents correspondent au genre de problème que l'on veut résoudre, ou pour lequel on veut avoir une réponse.

Le fait de vivre dans ce monde physique n'est pas quelque chose d'anodin. C'est en réalité un univers assez bas dans l'échelle cosmique. Nous y sommes soumis en permanence à des épreuves que nous devons obligatoirement surmonter. Les ignorer est une erreur qui peut mener à des situations dramatiques.

Tant que nous vivons dans ce monde physique, il vaut mieux nous préserver de ces inévitables épreuves en fondant notre existence sur les Forces Positives de la Vie. Et, plutôt que leur demander de nous aider à résoudre des problèmes – que nous avons souvent créés nous-même, quelquefois volontairement –, il vaut mieux les éviter.

La formule suivante a fait ses preuves :

« Bienheureux esprits et serviteurs éclairés de la Très-Haute Puissance, je vous invoque et je demande votre assistance dans les circonstances suivantes : *(voyage, examen, travail, entreprise)*. Éclairez-moi de votre lumière. Secondez-moi dans l'effort. Soutenez-moi dans la faiblesse. Assistez-moi dans l'accomplissement de ma tâche. Mettez à ma disposition le pouvoir que vous détenez pour le plus grand bien des hommes. Protégez-moi contre les maléfices et les ténèbres des mondes inférieurs.

Et que votre force soit sur moi comme un bouclier pour me protéger des activités mauvaises des trois mondes. Qu'il en soit ainsi ! »

Certains textes sacrés donnent de très bons résultats. C'est le cas des Psaumes de David 23, 27, 91, 139. Le Notre-Père est aussi d'une très grande efficacité.

Les anges gardiens

Si les innombrables esprits bénéfiques peuvent nous être d'un grand secours, d'un précieux réconfort, il est plus efficace de s'adresser directement au Principe Fondamental, Éternel, de la Vie.

« Esprit Infini, dirige-moi tout au long de cette journée, et qu'à chaque instant ta volonté soit faite. »

« Esprit Infini, protège ce voyage spirituellement préparé, afin que je puisse circuler librement et heureusement. »

L'incubation

En se couchant dans un temple, dans un lieu sacré, ou dans une chambre attenante, les anciens obtenaient du dieu ou de l'ancêtre invoqué des visions, des songes, des conseils, des bienfaits, la guérison de maladies graves, des dons divers comme celui de prophétie.

Les douanes célestes

Au cours de ces voyages, supposés ou réels, à travers les plans spirituels, l'âme de vivants ou de morts peut avoir à accéder à des lieux mythiques – paradis, ciel, enfer, etc. – qui existent bien dans l'Astral. Ceux-ci sont gardés par des êtres astraux, tels que les Archontes, gardiens du seuil.

Il faut être prêt, ou bien avoir un signe de reconnaissance, une marque, un symbole, un mot de passe. Chaque groupement de fidèles, partisans et zélateurs, définit les siens.

Les lettres célestes

L'une des façons les plus courantes de recevoir des informations sont les lettres célestes. Parmi celles qui sont réputées l'être, il est certain que la plupart ont été écrites par des personnes bien vivantes ou des groupes qui souhaitaient demeurer inconnus.

Néanmoins, certaines communications sont ainsi faites, par écrit, dans la langue du destinataire ou dans une autre.

Les lettres célestes arrivent de nulle part. Elles sont réputées être écrites par des dieux ou leurs émissaires (anges). Elles proviennent d'êtres avancés qui donnent des indications à ceux qui sont prêts. Elles contiennent souvent des connaissances, des informations en avance sur l'époque.

Les communications divines

Les communications divines sont de trois sortes :

1. Une « communication » venue de l'extérieur de l'être, un dialogue avec une voix ou un être visible.

2. Une « chose » donnée directement. Cela peut être un objet, un phénomène, un état, une figure, une notion, un nom.

3. Un état de conscience ou un état corporel, vécu souvent comme un songe ou une transe.

Les prophéties

Les prophéties sont les prédictions qui sont faites dans le cadre des livres sacrés, et qui proviennent de sources purement spirituelles.

Il en existe dans tous les livres sacrés, comme dans les traditions orales de la plupart des civilisations.

La conduite de la vie

Conduite spirituelle

Pour être heureux, même sur terre, il faut être un saint.

L'homme spirituellement avancé s'acquitte de ses devoirs sans accorder aucun attachement pour les fruits de ses actes, tout en restant cependant dans l'action. On ne peut séparer la communion avec l'être intérieur d'un renoncement grandissant. Le désir des choses matérielles est un obstacle à la Plénitude de l'être.

Il existe, comme nous l'avons vu plus haut, des Lois Cosmiques. Pour vivre bien, il faut les suivre avec persévérance. Certaines d'entre elles sont, par ignorance des hommes, en contradiction avec les lois et la morale humaines. Il est préjudiciable de contrer directement et ouvertement celles des hommes.

Ne jugez jamais les autres ; vous ne pouvez juger que vous-même, vos propres actes, sans toutefois vous condamner. Rien n'est jamais définitivement perdu.

La fonction naturelle et éternelle de l'esprit individuel est de suivre les Lois Cosmiques, d'être un dieu en action, aimant et bénissant. Toute méthode qui permet de maîtriser le mental et les sens, et d'unir l'être individuel à l'Être Universel.

Choisir sa vie

> Si l'on te décerne des louanges,
> c'est que tu ne suis pas ta propre voie
> mais celle d'un autre.
>
> F. NIETZSCHE.

Le mental, et plus évidemment le cerveau, sont de véritables ordinateurs qui reçoivent sans cesse des informations des sens. Ces informations sont autant d'ordres, d'impulsions, qui déterminent automatiquement des réactions, en pensées et en actes. Ils doivent donc être obligatoirement contrôlés.

Toutefois, on ne peut passer son temps à analyser ce qui se passe autour de nous, observer l'attitude des gens, suivre l'évolution des astres, autrement dit, tenir compte de tous les éléments qui constituent la conjoncture. Il est préférable de se fixer des buts correspondant à notre manière d'être et à nos intérêts, avec, pour « locomotive », une visée principale, un idéal, une prémisse majeure.

Choisissez ce que vous voulez avoir, ce que vous voulez être ou ce que vous voulez réaliser, mais gardez vos projets pour vous.

Soyez persuadé que tout est accompli à l'instant même dans l'absolu, et cela le deviendra effectivement.

La condition idéale de l'homme incarné s'exprime dans les points suivants :

1. La santé.
2. La beauté.
3. L'abondance.
4. La reconnaissance.
5. La puissance.
6. La sagesse.
7. Le renoncement.

Il ne faut surtout pas s'attacher exclusivement à l'un de ces dons et renoncer aux autres.

Cependant, on peut être amené à accepter volontairement certaines restrictions matérielles en vue de bienfaits supérieurs.

L'acceptation de soi

> Ce que je veux savoir avant tout,
> ce n'est pas si vous avez échoué,
> mais si vous avez su accepter votre échec.
>
> A. LINCOLN.

Il ne faut pas chercher à être trop sage, trop vertueux. Chacun est à un stade de son évolution personnelle. On ne peut essayer de sauter les étapes sans risques graves.

Même si certains veulent le faire croire, aucun homme vivant dans un corps physique sur la planète Terre n'est parfait.

Les « grandes âmes », celles qui ont terminé leur cycle de réincarnation ici-bas et qui reviennent pour aider les hommes, ne sont pas nombreuses et, le plus souvent, ne sont pas reconnaissables. Elles n'acceptent la publicité que si il y a nécessité absolue.

La pensée créatrice

> C'est par le mouvement de la pensée seul
> que l'homme est libre et s'appartient.
>
> C. G. JACOBI.

Notre pensée est créatrice, car c'est elle qui donne vie à tout ce qui va nous arriver aujourd'hui et demain.

Penser à une chose, c'est en déterminer la manifestation, que l'on en soit conscient ou non.

Le principe mental et le désir sont indissociables.

Nos pensées déterminent une réaction dans l'univers mental, et cela modèle par degrés nos capacités mentales, les agrandissant ou les rétrécissant selon le cas.

Ce que nous éprouvons influence à la fois les émotions de ceux qui nous entourent et notre nature émotionnelle.

Changer ses pensées

> Chacun rêve de changer le monde
> mais personne ne pense à se changer soi-même.
>
> TOLSON.

Aucune personne vivant sur cette terre, même la plus innocente, la plus bienveillante, la plus vigilante, n'est à l'abri du mal.

Il faut veiller sans cesse à contrôler toutes nos pensées et se reprendre, chaque fois que l'on s'aperçoit que l'on est négatif.

Il ne s'agit pas seulement de nos propres pensées ; le monde propage une foule de fausses vérités, de concepts négatifs.

Notre pensée est créatrice, car nous baignons en permanence dans un océan de matière astrale – dont notre propre corps astral – qui est à la fois sensible, malléable et dynamique.

Chacune de nos pensées imprègne la matière astrale, qui conduit et assure la manifestation de ce que nous exprimons dans notre existence, et ce par le moyen le plus approprié.

En changeant nos pensées, nous pouvons changer notre état, notre situation ainsi que les circonstances dans lesquelles nous vivons.

Il ne s'agit pas là d'une supposition, mais d'une réalité dont vous pouvez demain faire l'expérience.

Le monde est physique, mais d'origine mentale. Même si la plupart de ses éléments ne dépendent pas de nous, notre attitude mentale a un impact certain, bien qu'indiscernable, sur notre environnement et, par suite, sur le monde entier.

Lorsque nous changeons nos pensées, c'est l'univers tout entier qui change.

Il faut surveiller nos pensées en permanence, afin de contrôler qu'elles demeurent conformes à notre bien, et, surtout, qu'elles demeurent motivées par des sentiments positifs : l'amour, la confiance, la foi. Nous devons nous efforcer de les ramener, comme toutes nos paroles, vers nos désirs et nos buts.

L'action juste

> Il me conduit dans les sentiers de la Justice,
> lorsque j'invoque Son Nom.
>
> Psaumes, XXIII, 3.

Le premier résultat d'un acte positif ou négatif est de changer immédiatement l'individu en lui-même.

Il importe donc de distinguer ce qui est réflexion et pensée de ce qui est émotion et sentiment pour ne pas agir par simple impulsion.

Notre paresse, notre assoupissement mental, notre négligence, empêchent la manifestation de l'action de l'Esprit Infini dans notre corps et dans notre existence.

Il faut se tenir en éveil et agir en faisant constamment appel à l'Excellence qui est en nous, qui est notre Père, notre ami, notre associé le plus fidèle, sans relâche.

La pratique de la présence

Comme nous l'avons vu, par sa nature, l'être humain est dieu en Dieu. Il n'en est jamais ni séparé ni distant.

Lorsqu'on a des pensées du bas monde, lorsqu'on pense aux gens et aux choses du monde physique, on sort de la protection divine.

En pensant tranquillement à Dieu vivant en nous, nous sommes automatiquement uni à lui mentalement, émotionnellement. Se faisant, nous établissons en nous les qualités, les facultés et les pouvoirs de Dieu.

Il s'ensuit alors la désintégration des prototypes de pensées erronées, et l'émergence du sentiment de notre plénitude.

La plénitude se caractérise par un sentiment de paix infinie, une attitude mentale positive, ainsi qu'une aptitude à saisir les opportunités et à obtenir la coopération des forces curatives, créatrices et constructives favorables à la Vie.

L'état d'observation devient de plus en plus constant. Notamment, nous devenons en permanence conscient de notre être réel. Une conscience plus sensible, plus agile, plus vive.

Personne n'est jamais seul, jamais abandonné. Il nous suffit de nous retourner vers l'Esprit Infini qui est à l'intérieur de chacun de nous pour trouver un réconfort, une aide efficace.

Même quand le corps physique est endormi, l'esprit demeure éveillé, perpétuellement…

Voyez Dieu en vous-même et dans les autres, voyez l'action de Dieu dans toutes les circonstances, et vous serez étonné de voir à quel point vous maîtrisez toutes les situations.

Les guides spirituels

Périodiquement, une entité spirituelle transcendante intervient pour remettre l'humanité dans une voie plus conforme. Cela peut se faire par le seul rappel de vérités éternelles, mais, quand certains hommes sont allés trop loin dans la voie du mal, un véritable bouleversement est inévitable.

Chaque individu, chaque famille, chaque nation a son guide, son ange gardien. Celui-ci est tel que chacun le « voit », le conçoit. Il arrive lorsque l'individu y croit et l'appelle.

Le pouvoir de bénir

> Rien de ce qui est en puissance ne passe en acte
> que par quelque chose qui est déjà en acte.
>
> ARISTOTE.

Une simple phrase, bien appropriée, déclenche immédiatement l'action de la Supraconscience. Un mot bien choisi peut avoir le même effet. Il ne faut cependant rien n'y ajouter. Il est absolument indispensable de se taire.

La pensée n'est pas un acte anodin. C'est une force qui agit aussi bien sur soi – corps et esprit –, que sur les autres et sur l'environnement.

Aussi difficile à admettre que cela puisse vous paraître, l'univers phénoménal tout entier est mental. Il n'existe que *dans* et *par* l'esprit. Dans la pratique, il est plus juste de dire « par les esprits ».

Cela ne signifie pas que le monde physique n'existe pas ; il est une création des entités qui y participent. C'est un fantasme que nous partageons, auxquels nous adhérons.

La pensée agit en permanence sur le plan physique. Non seulement la pensée consciente, mais aussi, et surtout, celle qui demeure ignorée, subconsciente. C'est pourquoi l'homme ne se reconnaît pas très bien dans les événements. Quoi qu'il en soit, ce qui nous arrive collectivement et individuellement est l'exacte projection de ce que nous concevons dans notre mental conscient et inconscient.

Si nous avons à déplorer quelque chose, nous devons changer notre état de conscience, notre manière de penser.

Création mentale et idées-formes

La conscience est le pouvoir créateur du Cosmos, car elle donne naissance, et ce par la voie la plus adéquate et la plus parfaite, à tout ce que la pensée conçoit. Non seulement la Conscience Universelle, Primordiale, Absolue et Éternelle, mais aussi chaque conscience individuelle.

Dans la pratique, c'est la pensée (mentale ou orale, donc la parole) et l'imagination qui déclenchent le processus, que ce soit positif ou négatif, juste ou erronée. Cette action est instantanée et automatique. Fort heureusement pour nous, l'homme ordinaire n'est pas suffisamment constant pour voir aboutir toutes ces chimères. Toutes les aberrations sont dues à l'inconséquence individuelle des hommes, mais la plupart de ces anomalies sont corrigées par la Conscience Cosmique.

Chaque chose, animée ou non, a donc été conçue, imaginée, suscitée par une conscience d'être individuelle, et chacune de ces créations devient, à son tour, un « être à part entière », car la conscience existe à tous les points de la nature.

Le degré d'animation, d'inertie ou d'immobilité ne traduit nullement le niveau de conscience ; or, c'est seulement le niveau de conscience qui fait la valeur individuelle, de l'homme ou de toute autre créature, et qui donne à l'individu le pouvoir sur la vie.

La pensée est une « chose » bien réelle. Dès qu'elle est émise, elle évolue par ses propres moyens dans l'astral, et agit selon sa nature ou le but que lui a donné son émetteur.

Chaque pensée, si elle est soutenue, nourrie par la volonté, l'intérêt, la passion, devient une entité autonome, un esprit, un champ de force capable pour parvenir à sa finalité d'attirer tous les éléments qui lui sont nécessaires ou de condenser la substance astrale à cette fin.

Il s'agit d'un processus analogue à ceux de la cristallisation et de l'électrolyse, bien connus sur le plan terrestre.

Comme pour ces derniers, la création dans l'Astral est d'autant plus rapide et parfaite que le mental est calme et concentré.

L'homme peut donc créer ; il crée, chaque jour, des choses ou des êtres vivants, jusqu'à un certain point, sans même s'en rendre compte. Bien entendu, la plus grande partie de ces créations mentales sont éphémères. Elles n'aboutissent pas, ou meurent, faute d'énergie.

Conclusion

> Il y a toujours un moment dans la vie
> où il faut se mettre en accord avec ses arrière-pensées.
>
> C. de Gaulle.

Nous n'avons fait qu'effleurer, non pour ses aspects particuliers mais pour son universalité, l'infinie multitude des expressions de la Vie, dont chaque homme est un vecteur, un canal par lequel agit l'Énergie Universelle Toute-Puissante.

Il n'y a pas de système, de méthode, de technique, théorique ou pratique, qui soit plus normale ou plus naturelle qu'une autre, et ce, quel que soit son succès culturel ou social.

Le pouvoir créateur est en vous comme dans tout l'univers. Vivez désormais dans cette universalité en faisant tranquillement ce que vous voulez, dans l'enthousiasme.

Ne vous préoccupez jamais de ce que pensent les autres. Il est vain d'attendre une approbation totale. La toute-puissance qui est en vous régit, et ce de manière constructive, l'existence aussi bien collective qu'individuelle de tous les hommes, y compris la vôtre.

Du moment que vous vous mettez en relation avec l'Infini qui est en vous et que vous y demeurez, vous serez naturellement conduit à prendre de bonnes décisions à chaque instant de l'existence ; et la Puissance Créatrice Universelle les réalisera au moment propice et de la manière qui conviendra le mieux, selon ses propres moyens qui sont illimités.

Il n'est pas indispensable de s'éterniser sur l'étude théorique des lois de la vie et de vous interroger à chaque instant pour savoir si vous avez choisi la bonne voie. Si vous demeurez en contact avec l'Esprit Infini qui est en vous, vous êtes forcément dans celle qui convient.

Fuyez tout débat sectaire, en particulier avec vous-même. Les aspects négatifs de la vie ne sont que des créations de l'intellect. Ils n'ont aucune existence réelle. Ils disparaîtront de votre existence aussitôt qu'ils sortiront de votre mental.

Il vous appartient, à vous et à vous seul, que votre existence soit une fête vivante dans un monde merveilleux.

Dans l'aventure de la vie, l'Esprit Infini est votre associé efficace, votre ami fidèle, votre guide, votre protecteur, la source de vos biens et de vos richesses.

Faites appel à lui à chaque instant, dans toutes les circonstances de la vie, même les plus ordinaires. Et faites-lui confiance.

Lexique

Adhyama : terme sanskrit qui désigne le Super-Être, « l'homme qui nous regarde d'en haut », le Grand Surveillant.

Anabase : ascension de l'esprit. Ce qui est anabase pour l'humain et catabase pour le divin.

Anagogie : ascension de l'âme conçue comme une montée vers le Bien (Platon) ou une élévation théurgique (Oracles).

Bardo : mot tibétain qui désigne le temps, d'une durée variable, s'écoulant entre la mort et une nouvelle réincarnation.

Catabase : du grec, *kata*, « en dessous », et *basis*, « base ». Signifie « descente de l'esprit ».

Chakra : centre vital, plexus.

Dharma : règle de conduite morale.

Dhyâna : méditation profonde, dernière étape avant le Samadhi.

Dieu : étymologiquement, « ce qui brille », la « Lumière ».

Dogme : principe enseigné dans le but de servir de croyance, de fondement à un groupe, mystique, religieux ou politique.

Duaire : l'homme a une identité duaire, personne et personnage.

Ego : il est triple : Atma (volonté), Buddhi (sagesse) et Manas (amour). En psychologie moderne, c'est la conscience personnelle d'être.

Égrégore : du grec *egregorein*, « veiller ». Force aurique d'un groupe humain ou angélique.

Êtrique : qui concerne l'Être fondateur de la personne humaine, l'entité humaine.

Guru : du sanskrit « lourd ». Celui dont les paroles sont dignes de considération. Maître à penser.

Hésychasme : état de vie dans lequel le moine est délivré de toute autre pensée que la pensée de Dieu. Les palamistes (de Grégoire Palamas, 1296-1359), mouvement chrétien, mystique, initiatique, depuis Évagre le Pontique (mort en 399), se distinguent par leurs pratiques : prière de Jésus « Seigneur Jésus-Christ, Fils de Dieu, ayez pitié de moi », accompagnée de pensée, d'une discipline respiratoire qui fixe l'attention et concentre les facultés, d'une vie de sobriété pour l'âme et d'attention pour l'esprit, d'une méditation sur le nombril.

Japa : répétition d'un nom sacré, d'un Mantra, en concentrant sa pensée sur le sens spirituel profond des termes.

Jivâtman : moi individuel.

Kama : principe du désir. Base de la vie instinctive. Il siège dans le corps astral et dans le corps émotionnel.

Karma-Yoga : yoga de l'action désintéressée, accomplie sans rechercher des fruits.

Kundalini : énergie subtile, identifiée parfois à l'énergie sexuelle, mais de caractère cosmique, latente et assoupie au bas de la colonne vertébrale, et que le yoga cherche à éveiller.

Lipika : [plur.] seigneurs du karma, groupe de « travailleurs invisibles » qui ont pour fonction d'ajuster le karma.

Magie : action efficace sur un objet, réel ou mental, par la parole, le geste, l'image ou la pensée, indépendamment des catégories de l'être (espace, temps, causalité), mais conformément à des correspondances analogiques ou mécaniques. Cela est rendu possible par la connaissance des Lois Cosmiques de la nature et de l'homme, et par le fait que l'Esprit Infini qui est en chacun de nous contrôle les forces de la nature.

Maharishi : grand sage.

Mahatma : grande âme.

Mana : principe mental.

Mantra : formule sacrée donnée généralement par un gourou lors de l'initiation du disciple.

Maya : voile qui couvre la réalité ; illusion et force divine qui crée l'illusion ; l'univers et la multiplicité.

Métensomatose : apport d'éléments physiques, plus ou moins subtilisés à un esprit, qui peut être lui-même incarné.

Monade : l'Étincelle Divine, l'Esprit en l'homme.

Paramatman : Moi suprême et universel ; par opposition au jivâtman, moi individuel. L'Âme Universelle (hindouisme).

Périsprit : en spiritisme : le corps astral.

Personnalité : désigne la triade : mental concret, émotions, corps physique.

Psyché : en psychologie moderne : mental concret + émotions.

Psychurgie : art du maniement des forces psychiques ou animistes de l'homme. Ou science des principes ésotériques qui président à la naissance et à la mort, c'est-à-dire aux diverses transformations de l'âme.

Samadhi : état d'union avec le divin personnel, ou de fusion dans le Divin impersonnel, auquel arrive le yogi.

Samsara : ronde sempiternelle des morts et des naissances. Cycle des naissances.

Sankya-Yoga : voie de l'approfondissement du moi spirituel distinct du corps matériel.

Satchidananda : existence (Sat), connaissance (Chit) et béatitude absolue (Ananda).

Satipatthana : amène l'homme à constater l'impermanence de toute chose.

Super-Être : Super-Ego, « Grand Surveillant », l'Âme. C'est celui qui nous manipule à partir d'un autre plan d'existence très éloigné du nôtre. C'est le Moi véritable.

Tch'an : abréviation du chinois, *tch'an-na*, transcription phonétique du sanscrit *dhyâna* qui signifie « exercice de méditation, progressifs et techniques ».

Tsyng-Chen : le fait d'obtenir la maîtrise de la pensée.

Tulkous : hommes ou femmes considérés comme des réincarnations d'éminentes personnalités défuntes ou des avatars de déités – bodhisattva – qui ont pour but d'accomplir une œuvre pour le bien de l'humanité.

Veda : littéralement, « ce qui a été vu » (par les sages), « science sacrée ». Les quatre grands recueils qui contiennent l'exposé de cette science.

Vedânta : littéralement, le « sommet », la « conclusion de savoir ». Essence de toute la philosophie védique, telle qu'elle est contenue dans le Vedânta et les Sûtra.

Table des matières

Achevé d'imprimer en décembre 1999
à Santa Perpètua de Mogoda (Barcelone), Espagne,
sur les presses de A&M Gràfic, S. L.

Dépôt légal : décembre 1999
Numéro d'éditeur : 6236